经济理论与政策研究

JINGJI LILUN YU ZHENGCE YANJIU

第十四辑 | 主　编　董长瑞

中国财经出版传媒集团

经济科学出版社

Economic Science Press

图书在版编目（CIP）数据

经济理论与政策研究. 第十四辑/董长瑞主编. --
北京：经济科学出版社，2022.10
ISBN 978 - 7 - 5218 - 4181 - 7

Ⅰ. ①经…　Ⅱ. ①董…　Ⅲ. ①经济理论 - 文集②经济
政策 - 文集　Ⅳ. ①F0 - 53

中国版本图书馆 CIP 数据核字（2022）第 200628 号

责任编辑：宋　涛
责任校对：孙　晨
责任印制：范　艳

经济理论与政策研究

（第十四辑）

主　编　董长瑞

经济科学出版社出版、发行　新华书店经销
社址：北京市海淀区阜成路甲 28 号　邮编：100142
总编部电话：010 - 88191217　发行部电话：010 - 88191522
网址：www. esp. com. cn
电子邮箱：esp@ esp. com. cn
天猫网店：经济科学出版社旗舰店
网址：http://jjkxcbs. tmall. com
北京季蜂印刷有限公司印装
787×1092　16 开　10.25 印张　200000 字
2022 年 12 月第 1 版　2022 年 12 月第 1 次印刷
ISBN 978 - 7 - 5218 - 4181 - 7　定价：46.00 元
（图书出现印装问题，本社负责调换。电话：010 - 88191510）
（版权所有　侵权必究　打击盗版　举报热线：010 - 88191661
QQ：2242791300　营销中心电话：010 - 88191537
电子邮箱：dbts@ esp. com. cn）

目　　录

《资本论》、中国共产党人、市场经济与共同富裕*

孔祥利　刘立云**

【摘要】随着困扰中华民族几千年的绝对贫困问题历史性地得以解决，在全面实现建设社会主义现代化国家新征程上，扎实推进共同富裕就显得更加迫切。共同富裕不同于西方的福利社会，是涉及理论指导、实践主体、道路选择的系统工程，分别指向马克思《资本论》、中国共产党人、市场经济与共同富裕的逻辑归因。马克思的《资本论》通过对雇佣劳动与资本及三大社会形态的批判性解读，阐释了资本主义社会贫困产生的社会根源与实质，揭示出财富创造能力的跃升和以工人阶级为中心的经济利益体系构建的必然趋势，为中国式现代化的共同富裕目标实现提供了科学的理论指导。中国共产党人为实现全体人民共同富裕的百年奋斗历程，体现出实践探索与理论创新的统一。新中国成立后，历经社会主义建设时期、改革开放与现代化建设时期、习近平新时代中国特色社会主义时期三个阶段的实践探索，继承发展了马克思主义的共同富裕思想精髓，彰显深化了中国共产党以人民为中心的初心使命，创新发展了中国特色社会主义的公平效率关系。中国特色社会主义市场经济作为基本经济制度的重要组成部分，为生产力的发展和共同富裕提供着经济体制保障，表明中国共产党人对社会主义建设规律、人类社会发展规律认识的不断深化，将实质性推进共同富裕目标的实现。

【关键词】共同富裕　《资本论》　中国共产党　市场经济

一、问题的提出

党的"二十大"报告中，"共同富裕"被反复提及并多次强调。如"共同富裕是社会主义的本质要求""共同富裕是中国特色社会主义的根本原则""实现共同富裕是实现中华民族伟大复兴的必由之路""将实现共同富裕作为新时代中国特色社会主义建设的重要任务""共同富裕是一个长远目标，需要一个过程，不可能一蹴而就""扎实推进共同富裕"等，大会决定将实现

＊　基金项目：本文系研究阐释党的十九届六中全会精神国家社科基金重大项目（项目编号：22ZDA013）、陕西省哲社科重大理论与现实问题研究项目（项目编号：2022ND0475）的阶段性成果。

＊＊　作者简介：孔祥利（1963～），男，汉族，陕西师范大学马克思主义学院、国际商学院教授、博士生导师，陕西省《资本论》研究会会长，陕西高校《马克思主义基本原理》教学研究会会长，主要研究方向为马克思主义政治经济学、《资本论》研究。刘立云（1976～），女，汉族，陕西省社会科学院副研究员、博士后，兼任西北大学华人华侨研究院特约研究员，主要研究方向为马克思主义政治经济学、《资本论》研究。

共同富裕写入党章。习近平总书记还指出："我们始终坚定人民立场，强调消除贫困、改善民生、实现共同富裕是社会主义的本质要求，是我们党坚持全心全意为人民服务根本宗旨的重要体现，是党和政府的重大责任。"① 因此，准确把握现阶段共同富裕的理论渊源、现实意蕴及道路抉择，对于全面建设社会主义现代化强国、实现中华民族伟大复兴、促进人的全面自由发展具有重大意义。但是，关于实现共同富裕目标，社会上也有许多说法，需要澄清或正本清源。正确理解和实质性推进共同富裕，是中国共产党人的初心，是中华民族伟大复兴的必然要求与结果。中国共产党领导在社会主义制度下实现共同富裕，必须坚持马克思主义指导思想与基本原理不动摇，必须在习近平新时代中国特色社会主义思想指导下，坚持社会主义基本经济制度体系，通过全面深化改革，发展社会主义市场经济，为共同富裕奠定坚实的经济基础和物质财富。围绕共同富裕这个主题，要坚持马克思所阐释的"消灭私有制""剥夺剥夺者"及中华民族优秀传统文化所指明的"共同富裕""社会大同"等核心要义与价值追求，时刻铭记中国共产党人的初心，在坚持、发展和完善中国特色社会主义市场经济中，实质性推进共同富裕目标的实现。

二、《资本论》思想精髓与共同富裕

关于社会财富的创造、分配与占有，或者说富裕与贫穷问题，始终是人类社会和经济学的主题与根本问题。柏拉图的《理想国》、康伯内拉的《太阳城》、斯密的《国富论》等经典著作都与此相关。特别是马克思的《资本论》，主线就是社会财富在资本主义的表现形式即剩余价值的运动。其中，第一卷是剩余价值生产、第二卷是剩余价值实现、第三卷是剩余价值分配、第四卷是剩余价值学说史。《资本论》被称为"工人阶级的圣经"，为最广大的劳动者、人民群众寻找共同富裕、最终实现人的全面自由发展指明规律和道路。马克思、恩格斯认为，在新的社会制度中，"社会生产力的发展将如此迅速""生产将以所有的人富裕为目的"，"所有人共同享受大家创造出来的福利"。② "无产阶级的运动是绝大多数人的、为绝大多数人谋利益的独立的运动，在未来社会生产将以所有的人富裕为目的。"③ 所以，马克思主义说到底，就是如何实现工人阶级共同富裕的理论学说，共同富裕也是马克思

---

① 习近平：《习近平在全国脱贫攻坚总结表彰大会上的讲话》，载《人民日报》2021 年 2 月 26 日。

② 《马克思恩格斯全集》（第 46 卷），人民出版社 1980 版，第 222 页。

③ 中共中央党史和文献研究院、中央"不忘初心、牢记使命"主题教育领导小组办公室：《习近平关于"不忘初心、牢记使命"论述摘编》，中央文献出版社、党建读物出版社 2019 年版，第 135 页。

主义关于社会主义、共产主义的终极目标。当然，预测未来社会的主要特征时，马克思、恩格斯等经典作家并未使用"共同富裕"概念本身，其人类历史财富观是以批判资本主义财富中的资本与劳动异化现象和贫困的积累而出现的。230 万字的《资本论》，有 140 多处分析了工人阶级的贫困问题。创立了剩余价值理论，从价值生成的角度最终回答了工人贫困的根源和生成机理①，剩余价值理论和资本积累的一般规律理论，蕴含着马克思主义关于消灭私有制、消灭剥削，实现共同富裕的思想精髓。以对未来人类发展进步的整体关切，超越了空想社会主义以及萨伊和马尔萨斯等资产阶级庸俗经济学家的财富观与贫富观。

特别是，马克思通过对三大社会形态的批判性解读，澄清了现代社会与前资本主义社会关于导致贫困方式的本质区别，为资本主义社会贫困化问题提供了理论构架，成为批判资本主义生产资料私有制和两极分化的理论武器。第一个阶段是指，以人对自然的过度依赖为主要内容的前资本主义时期，极端低下的社会生产力导致了整个社会的绝对贫困。由于社会财富无法满足社会大部分成员的需要，那么普遍性贫困标识着人与人之间的相互依赖程度。在《1861—1863 年经济学手稿》中，马克思已经关注到工人的绝对贫困即"最低工资"的内容，"工人本身，按其概念是贫民，是这种单独存在的、与物的条件相脱离的能力的化身和承担者"②，他将贫困直接限定在生活资料的范围；后来的《资本论》发展深化了这样的判断，即对资本的批判。第二个阶段是指资本主义社会以对资本的依赖为内容，产生了整个社会范围内的相对贫困与绝对贫困。随着现代私有财产制度的确立和发展，导致贫困的手段与方式反而成为现代社会控制劳动力的基本设置，表现为特定社会群体或阶级维持生存异化与控制社会生产的基本途径。换言之，必须保持社会大部分群体的贫困，使之从事强迫性劳动（谋生劳动），贡献剩余劳动（剩余价值），才能推动资本积累。那么，现代性贫困转换为"人对物的依赖关系"，物（包括商品、货币与资本）成为贫困问题的根本前提，统治阶级通过控制"物"来维持社会大部分成员的相对贫困与绝对贫困。《资本论》第一卷第七章提出了关于无产阶级贫困化理论，马克思明确指出："工人阶级中贫困阶层和产业后备军越大，官方认为需要救济的贫民也就越多。这就是资本积累的绝对的、一般的规律"③，"这一规律制约着同资本积累相适应的贫困积累。"④ 第三个阶段是人的全面自由发展阶段，这是对现代私有财产制度的摈弃，形成超越现代性贫困的路径，整个社会消除了私有财产对贫困内容的控制，即人自由掌控物质力量，形成了自我超越的全面发展，进而超

---

① 仇荀：《马克思主义贫困理论及当代中国贫困治理实践研究》，吉林大学，2016 年。
② 《马克思恩格斯全集》（第 47 卷），人民出版社 1979 年版，第 39 页。
③④ 《资本论》（第 1 卷），人民出版社 2004 年版，第 742～743 页。

越贫困。马克思、恩格斯认为，共产主义以"废除资产阶级的所有制"[①] 为特征，只有废除私有制，才能消除劳动与资本的异化。马克思、恩格斯在《德意志意识形态》中指出："共产主义的最重要的不同于一切反动的社会主义的原则之一就是下面这个以研究人的本性为基础的实际信念，即人们的头脑和智力的差别，根本不应引起胃和肉体需要的差别；由此可见，'按能力计报酬'这个以我们目前的制度为基础的不正确的原理应当——因为这个原理是仅就狭义的消费而言——变为'按需分配'这样一个原理，换句话说：活动上，劳动上的差别不会引起在占有和消费方面的任何不平等，任何特权。"[②] 由此，马克思开始了对第二大社会形态的考察，在此基础上提出人类整体性超越贫困之可能。他的首要任务是，以唯物史观视角分析第二大社会形态的贫困问题。其一，贫困形态的变化。除了工业生产转化而来的无产者，还有自然形成的贫民和基督教日耳曼民族的农奴，他们共同组成了德国贫困者的阵营，形成了现代意义上的无产阶级，那么，这种无产者的贫困形态具有鲜明特性，即"组成无产阶级的不是自然形成的而是人为造成的贫民，不是在社会的重担下机械地压出来的而是由于社会的急剧解体"[③]。换言之，现代工业与现代资本造就了新型贫困者。其二，贫困内容的提炼。《资本论》详细考察了剩余劳动的占有情况，以说明贫困内容的特殊性。前资本主义社会是对产品使用价值的占有，因此贫困本身表现为生活资料的无限匮乏；资本主义社会是对商品交换价值的渴求，表现为对剩余劳动的无限贪欲，那么资本主义的贫困就表现为工人阶级的劳动价值被资本家无偿占有而贫困，这是资本主义社会贫困的根源。

由于私有制与雇佣劳动的存在，整个社会贫富差距随资本主义生产力发展不断扩大。只有在制度上消除私有制后，以确保无产阶级的根本利益，发展社会生产力，才能从根本上解决无产阶级的贫困问题，实现共同富裕与每个人自由全面发展。马克思反复强调人类的生产活动是人类最基本也是最重要的实践活动，其目的是追求物质福利与提高富裕水平，而未来新社会的显著特征就是"生产将以所有的人富裕为目的"[④]。由此可见，马克思在《资本论》及其他经典论著中，关于生产资料私有制、雇佣劳动、剩余价值、资本积累、剥夺剥夺者、人的全面自由发展等论述，充分体现了社会主义实现共同富裕的本质要求和思想精髓，是中国式现代化的显著特征之一，实现共同富裕必须坚持马克思主义指导思想不动摇。

---

① 《马克思恩格斯文集》（第 2 卷），人民出版社 2009 年版，第 53 页。
② 《马克思恩格斯全集》（第 3 卷），人民出版社 1960 年版，第 637～638 页。
③ 《马克思恩格斯文集》（第 1 卷），人民出版社 2009 年版，第 17 页。
④ 《马克思恩格斯选集》（第 2 卷），人民出版社 2012 年版，第 787 页。

三、中国共产党人与共同富裕

中国共产党已走过了 100 余年的历程，在纪念建党百年之时我们庄严宣布，历史性地解决了绝对贫困问题，实现了全面建成小康社会的目标，正在迈向社会主义现代化与共同富裕取得实质性进展的新征程。2019 年全党开展了"不忘初心、牢记使命"主题学习教育。中国共产党的初心，就是如何通过把马克思主义中国化，走出和形成一条让全体人民都能过上幸福生活、实现共同富裕的道路和制度。1921 年，中国共产党第一次全国代表大会通过的《中国共产党第一个纲领》提出"消灭资本家私有制"的主张，土地革命时期提出了"打土豪、分田地"，解放战争时期施行《中国土地法大纲》，都体现了共产党消灭私有制、共同富裕的奋斗目标。新中国成立后，通过土地改革、社会主义改造、建立独立完整的国民经济体系、确立公有制为主体、按劳分配为主体、社会主义市场经济，实行了十三个"五年计划"或规划，推动社会主要矛盾从新中国成立前的反帝反封建——到改革开放后的"人民群众日益增长的物质文化需要同落后的社会生产之间的矛盾"——再到新时代"人民日益增长的美好生活需要和不平衡不充分的发展之间的矛盾"的系列转变。通过武装夺取政权、破解社会主要矛盾、带领人民走向共同富裕、实现中华民族的伟大复兴，始终是中国共产党人的目标追求，是中国共产党人的初心。

共产党人是这样想的、这样说的、也是这么做的。回顾 100 余年奋斗历程，站起来是共同富裕的政治保障、富起来是共同富裕的经济基础、强起来是共同富裕的必由之路。仅从经济成就来说，1978 年我国 GDP 总量仅 3679 亿元，到 2021 年达到 114.37 万亿人民币，稳居世界第二，40 多年间中国 GDP 总量增长了 280 多倍，年均增长超过了 9%，同期世界平均增速只有 2.8% 左右；人均 GDP 从 1978 年的 198 美元增长到 2021 年已超过 1.25 万美元，增长了 50 多倍，已经进入世界中等收入国家行列。中国对世界经济增长的贡献率超过 25%。与美国相比，2000 年，美国 GDP 是 10 万亿美元，中国是 1 万亿美元，美国是中国的 10 倍；到 2021 年美国 23 万亿美元，中国是 17.7 万亿美元，差距缩小到 1.3 倍，已经达到了美国的 75%。中国的外汇储备 2006 年超过日本后，连续世界第一，2021 年达到了 3.1 万亿美元。党的十八大以来，累计脱贫近 1 亿人，全国 832 个贫困县全部摘帽，创造了人类减贫史上的奇迹。[①] 正如美国广播公司的文章指出：这是自 18 世纪英国工业革命以来，世界见证过的最令人惊奇的经济变革。这一切，就是共同富裕的底气，是共产党人初衷的生动体现。

---

① 资料来源：笔者统计整理。

　　中国特色社会主义道路的探索和形成，是从毛泽东等第一代领导集体开始的。相应地，中国特色社会主义与共同富裕也是相生相伴，共同走来的。其一，在社会主义建设初期，1953 年毛泽东同志牵头起草的《中共中央关于发展农业生产合作社的决议》指出："使农民能够逐步完全摆脱贫困的状况而取得共同富裕和普遍繁荣的生活。"① 这是我们党内文件首次提出"共同富裕"概念。他还强调"这个富，是共同的富，这个强，是共同的强，大家都有份。"② 为改变国家整体社会生产力落后的状况，我国实施了"五年计划"，优先发展重工业，逐步建成了一批门类比较齐全的基础工业项目，为国民经济的进一步发展打下了坚实的基础，奠定了国家工业化和现代化的初步条件。该时期的探索，为共同富裕制度基础和国民的实现奠定了经济基础，但由于过度追求分配上的平均主义，以近乎纯粹的生产资料公有制挫伤了多种经济成分的积极性，生产力水平低下，短缺与贫穷使共同富裕进程受到影响。其二，在改革开放与现代化建设时期，党的十一届三中全会开启了我国改革开放的历史进程。随着社会主义市场经济体制目标模式的确立，党和国家逐步形成了"分三步走"战略，开启了以先富带后富为主要特征的实践探索。该时期，邓小平同志围绕共同富裕作了战略构想和重要论述，他指出：贫穷不是社会主义。社会主义的首要任务是发展生产力，经济的长期停滞和人民生活的长期低水平"不能叫社会主义"③。1992 年南方谈话时指出：社会主义的本质是"解放生产力，发展生产力，消灭剥削，消除两极分化，最终达到共同富裕"④。改革开放以来的共同富裕探索实践，蕴含着手段与目标的内在统一，尊重生产力与生产关系矛盾运动的客观规律，正视不同区域、行业、部门及个体之间的差异性、特殊性，先富与共富的战略考量符合我国社会主义初级阶段的国情，并且不同于传统时期的平均主义"大锅饭"。至此，社会主义本质得以明确，共同富裕被作为分"三步走"的长期战略目标。1993 年党的十四届三中全会，首次提出"多种分配方式并存"和"效率优先，兼顾公平"原则。随着党对共同富裕的实现手段和方法路径认识的不断深化细化，更加关注人民的根本利益和富裕领域，体现为该时期的"三个代表"重要思想和科学发展观。2007 年党的十七大报告，强调初次分配和再次分配都要处理好效率和公平的关系，再次分配更加注重公平。其三，党的十八大进入新时代以来，我国经济实力增长迅速，"重要领域和关键环节改革取得突破性进展，主要领域改革主体框架基本确立。……全社会发展

---

① 《中共中央关于发展农业生产合作社的决议》，1953 年 12 月 16 日。
② 《共同富裕要"积小胜为大胜"》，载《人民日报》2021 年 11 月 19 日。
③ 《邓小平文选》（第 2 卷），人民出版社 1993 年版，第 312 页。
④ 《邓小平文选》（第 3 卷），人民出版社 1993 年版，第 373 页。

活力和创新活力明显增强。"① 社会进步与文明成果的共富共享特征愈加明显。在共同富裕方面，首先是关于效率与公平的表述有了新的变化，从效率优先、兼顾公平，到在提升效率的基础上更加注重公平。十八大以来，党中央高度重视并致力于实现全体人民的共同富裕，将中国特色共同富裕之路推向更高的发展阶段。正如习近平总书记所强调的"全面建成小康社会，一个都不能少；共同富裕路上，一个都不能掉队"② "共同富裕是中国式现代化的重要特征，是中国特色社会主义的本质要求"③。以党的十八届三中全会为起点，我国开启全面深化改革新征程，聚焦社会发展不平衡不充分的主要矛盾，通过制度改革创新进一步释放社会生产力。党的十八届五中全会，首次提出共享发展理念并贯穿于政治、经济、文化各领域全过程，奠定了初步实现共同富裕的思想基础。2020 年，随着困扰中华民族几千年的绝对贫困问题得到历史性解决，为实现共同富裕打下良好的物质基础。值得指出的是，《中华人民共和国国民经济和社会发展第十四个五年规划和 2035 年远景目标纲要》提出的共同富裕要取得实质性进展，《中共中央、国务院关于支持浙江高质量发展建设共同富裕示范区的意见》的发布，以及最近一个阶段，国家又强调第三次分配、对大资本与垄断资本的规范、引导和整治，对少数过高收入人群涉税问题的追责与处罚、对校外培训机构的清理和整顿等，都标志着中国在共同富裕思想的指引下，扎实推进共同富裕的实践探索，以最终实现共同富裕目标。

正确理解和实质性推进共同富裕，是中国共产党人的初心，是中华民族伟大复兴的必然要求与结果。立足新发展阶段的历史方位，满足人民对美好生活的新需要，在实现建设社会主义现代化国家新征程上，共同富裕有了新的内涵，需要重新定位，这既是对共同富裕内容体系的丰富，也是对共同富裕理论思想的创新。需将马克思主义中国化，走出和形成一条让全体人民都能过上幸福生活、实现共同富裕的道路和制度。在实现前提上，我国始终坚持公有制占主体地位，积极发展非公有制经济，并将共同富裕确立为社会主义的根本原则并加以强调。在物质基础上，我国始终坚持以高度发达的社会生产力为目标，推动高质量发展，进一步解放和发展生产力，为实现共同富裕创造更高水平的物质基础，并在国际竞争中彰显社会主义制度优势。在发展趋势上，面对百年未有之大变局，我国始终关切人类社会的共同繁荣进步，积极致力于人类减贫事业，领导占世界 1/4 人口的中国人民向共同富裕不断迈进，积极推动人类命运共同体建设。所以，实现共同富裕长远目标，体现在实现前提上，即以经济建设为中心，坚持在发展中促进并实现社会公

---

① 习近平：《决胜全面建成小康社会　夺取新时代中国特色社会主义伟大胜利——在中国共产党第十九次全国代表大会上的报告》，人民出版社 2017 年版，第 3～4 页。

② 《习近平总书记在十九届中共中央政治局常委同中外记者见面时的讲话》，2017 年 10 月 25 日。

③ 《习近平主持召开中央财经委员会第十次会议》，2021 年 8 月 17 日。

平效率；在实现过程上，即强调共同富裕的渐进性和长期性，注重在党的执政理念、发展理念下促进社会公平效率；在目标要求上，即从人民立场出发，维护最广大人民群众的利益，坚持共享共富，进而促进人的全面发展。

四、社会主义市场经济与共同富裕

习近平总书记指出：在高质量发展中促进共同富裕。而如何实现高质量发展，其中非常关键与核心的一条就是坚持和发展社会主义市场经济。迄今为止的人类历史已经证明，市场经济是最有力、最有效的配置资源方式。要实现共同富裕首先要发展，要把蛋糕做大。据北京师范大学中国收入分配研究院的调研数据显示：我国月收入在 1090～2000 元的人口有 3.64 亿人，月收入低于 2000 元的人数达到 9.64 亿人，我国的中等收入群体有 4 亿多人，而总人口有 14 亿人，发展仍是第一位的，发展是硬道理。新时代要求的发展是高质量发展。1992 年，党的十四大决定中国经济体制改革目标模式是建立社会主义市场经济体制；2013 年，党的十八届三中全会明确，市场在资源配置中起决定性作用和更好发挥政府作用；2019 年，党的十九届四中全会指出，社会主义市场经济体制是社会主义基本经济制度的重要组成部分；2020 年，党的十九届五中全会强调，社会主义市场经济体制更加完善，全面建设社会主义现代化国家，实质性推进共同富裕。

2020 年，党的十九届五中全会将社会主义市场经济作为基本经济制度重要组成部分，市场机制在有效激励劳动的同时，也产生了两大痼疾：一是按照劳动价值尺度衡量劳动者的利益归属，无视劳动者在先天禀赋和后天际遇方面的客观差别，构成"先天特权"，存在形式上的平等与事实上的不平等；二是市场机制客观存在的"马太效应"，使机遇的窗口总是对拥有资源者打开，而资源短缺者恰恰难以获得最急需的资源，存在剩余所有权与索取权的缺失。人们虽然承认市场机制存在着这两大弊端，却难以凭借市场本身予以化解。在充分认识市场经济自发性、盲目性和收入分配上的"马太效应"的同时，也要肯定市场经济在解放和发展生产力，助推共同富裕中的积极作用。与社会主义基本制度相结合，市场经济作为配置资源、激发活力、创造财富、积累资本、鼓励创新的方式与途径，是实现共同富裕的经济体制保证和经济运行基础，社会主义市场经济是能够促进共同富裕的。中国特色社会主义市场经济，要坚持党对经济工作的集中统一领导、把共建共享共富作为执政理念、既需要有效市场也需要有为政府、既要提升效率更要注重公平。作为社会主义基本经济制度之一，它一定能够促进共同富裕。党的十九届四中全会通过的《中共中央关于坚持和完善中国特色社会主义制度推进国家治理体系和治理能力现代化若干重大问题的决定》，针对三次分配强调："提高劳动报酬在初次分配中的比重。……健全以税收、社会保障、转移支付等为主要手段的再分配调节机制，强化税收调节，完善直接税制度并逐步提高其比重。完善相关制度和政策，合理调节城乡、区域、不同群体间分配关系。重视发挥第三次分配作用，发展慈善等社会公益事业。"① 这些原则的核心是帮助弱势群体和落后地区，主旨是促进共同富裕。近年来，中国完成脱贫攻坚任务、实现全面建成小康社会目标的实践表明，社会主义市场经济通过政府与市场的有效结合、相互作用，开启了"全面协调、提质增效"机制，成为中国式现代化生产力发展的一种创新模式。

综上所述，共同富裕是涉及理论指导、实践主体、道路选择的系统工程，分别指向《资本论》思想精髓、中国共产党人、市场经济与共同富裕的逻辑归因。马克思、恩格斯通过对三大社会形态的批判性解读，澄清了现代社会与前资本主义社会关于导致贫困产生的本质根源，对资本主义贫困化问题进行了深刻剖析，成为批判资本主义贫富悬殊、两极分化的理论武器，揭示出财富创造能力的跃升和以人民为中心的财富利益体系构建的历史必然性，成为中国共产党致力于中华民族独立解放、进步文明和共同富裕的指导思想与行动指南。中国共产党为实现民族复兴和人民幸福的百年奋斗史，是共同富裕实践探索与理论创新相统一的发展过程，集中体现了中国特色社会主义的本质特征，是中国共产党在全面实现建设社会主义现代化国家目标新征程中的奋斗目标。实现这一目标，具有长期性、复杂性和持续性，不可能一蹴而就。实现共同富裕，必须坚持马克思主义指导思想与基本原理不动摇，必须在习近平新时代中国特色社会主义思想指导下，坚持社会主义基本经济制度体系，通过全面深化改革，发展社会主义市场经济，为共同富裕奠定坚实的基础和保障，将社会主义制度优势转化为治理效能，立足新发展阶段，贯彻新发展理念，构建新发展格局，实现高质量发展，实质性推进共同富裕目标的实现。

参 考 文 献

［1］《邓小平文选》（第 2 卷），人民出版社 1993 年版。

［2］《邓小平文选》（第 3 卷），人民出版社 1993 年版。

［3］习近平：《决胜全面建成小康社会　夺取新时代中国特色社会主义伟大胜利——在中国共产党第十九次全国代表大会上的报告》，人民出版社 2017 年。

［4］余金成：《现代市场经济本质上是按劳分配的》，载《学习论坛》2017 年第 7 期，第 30~37 页。

［5］《马克思恩格斯选集》（第 2 卷），人民出版社 2012 年版。

［6］《马克思恩格斯全集》（第 46 卷），人民出版社 1980 年版。

---

① 《中共中央关于坚持和完善中国特色社会主义制度推进国家治理体系和治理能力现代化若干重大问题的决定》，人民出版社 2019 年版，第 19~20 页。

"第三次分配"的理论探讨与实践对策：共同富裕视角*

雷嘉欣　杨　峰**

【摘要】共同富裕目标下，亟待从理论与实践层面强化第三次分配。本文对学界关于第三次分配的理论观点进行综述，在此基础上界定基本概念的内涵与外延，并对瑞典、丹麦、挪威等北欧资本主义国家的福利制度、实践及效果做简要评价。研究认为，共同富裕目标下强化第三次分配具有客观必然性和可行性。其必然性在于，共同富裕是共产党人的初心，是社会主义的本质要求，强化第三次分配是对政府及市场机制失效的矫正；可行性在于，强大的组织保障——共产党的领导；优越的制度保障——宏观调控体系；雄厚的经济保障——社会财富积累；深厚的民意保障——"天下大同"理念。因此，强化第三次分配的功能，需从科学的顶层设计、完善的法制体系、系统的理论教育等方面着力，优化第三次分配的制度体系和组织实施。

【关键词】第三次分配　共同富裕　理论与实践

共同富裕是社会主义的本质要求，是中国式现代化的重要特征，是中国共产党牢记初心使命、践行责任担当的体现。全面建成小康社会历史任务的胜利完成，标志着中国共产党推动实现共同富裕进入新的发展阶段，习近平总书记指出："在全面建设社会主义现代化国家新征程中，我们必须把促进全体人民共同富裕摆在更加重要的位置。"① 2021 年 8 月中央财经委员会第十次会议指出，要正确处理效率和公平的关系，构建初次分配、再分配、第三次分配协调配套的基础性制度安排，促进社会公平正义，促进人的全面发展，扎实推动共同富裕。这是党中央首次将三种分配方式协调配套的基础性制度安排作为促进共同富裕的必要条件，因而构建协同性三次分配制度是新时代中国特色社会主义理论和实践探索的历史性新课题。

第三次分配是促进共同富裕的有效途径。重视和发挥第三次分配的作用，有利于改善社会财富分配格局以扎实推动共同富裕进程。那么，第三次

* 基金项目：本文系江西省科技厅 2022 年度省级科技计划专项资金（第二批）项目"管理科学战略支撑类项目"《扎实推动共同富裕的调查研究》[赣科发计字（2022）164 号] 的阶段性成果。

** 作者简介：雷嘉欣，女，汉族，江西南昌市人，江西农业大学政治经济学专业硕士研究生。杨峰（1970～），男，江西玉山人，江西农业大学人文与公共管理学院党委书记，副教授，研究方向：马克思主义理论与公共政策，为本文通讯作者。

① 《习近平重要讲话单行本（2021 年合订本）》，人民出版社 2022 年版，第 53 页。

分配的概念与具体内容是什么？有何经验可供借鉴？共同富裕目标下第三次分配的必要性与可行性？因此，有必要在综述学术界关于"第三次分配"观点的基础上，准确定义"第三次分配"的概念，并根据概念内涵严格界定其外延，对上述理论与实践问题作出比较系统的论证，提出相关对策建议。

一、理论综述：学界关于第三次分配的讨论

（一）"第三次分配"概念释义

"第三次分配"是目前我国学界的讨论热点，但对概念内涵及基本属性都尚未达成共识。多数学者从公益慈善的角度认为，第三次分配是个人和社会团体通过志愿行动、民间捐赠、慈善事业等方法扶贫济困、关怀弱势群体的行为（厉以宁，1994；宋林飞，2007；刘洋，2022；蓝煜昕，2022）。另有学者认为，从组织的角度来看，公益慈善机构为第三次分配的主体，与政府和市场不同，它既不具有政府的宏观管制作用，也不以市场盈利为目标，但是其天然的公益性质使其带有浓厚的公益和道德色彩（何立军，2022）。但也有学者认为，仅仅从慈善角度来理解"第三次分配"过于狭窄，如梁朋（2020）认为，从市场经济发展的视角来看，"第三次分配"的基本属性是"丰裕社会的财富流向如何适应个体精神追求和人民美好生活的命题"；而王名（2020）则认为，从第三次分配的功能和资金流向的角度来看，第三次分配方式可统称为社会收入的转移支付。

总体看，上述观点均囿于一个既定的假设前提——现成的所谓主流经济学和公共财政学的分配理论分析框架，因而"第三次分配"只能在既定的"第一次分配"和"第二次分配"结果之外寻求第三种分配方式。中国科学院张捷借鉴了德国和瑞典等经验，提出解决社会财富的分配权问题，国家应行使对巨额财富的分配权。目前我国亿万富翁之所以快速增加，是因为财产税制还很不完善，国家没有行使对私人巨额财富的分配权。如果囿于现成的经济学和财政学分配理论的分析框架，那么"第三次分配"就只能主要靠富人凭慈善心捐赠施舍。但从广义上来看，第三次分配的概念远不止慈善层面，还应包含通过各种服务报酬（如文化娱乐费、医疗费、生活服务费等）的形式，即对社会各阶级获得的收入的一部分进行再分配也属于第三次分配。新时代"第三次分配"的学术研究，必须走出传统分配理论的思维惯性和分析框架。

动态地看，第三次分配是促使资源和财富在不同社会群体间趋向均衡的微循环行为，是社会主体自主自愿参与的财富流动。例如在社会主义分工体系中，有一部分劳动者用自己提供的劳务来满足他人的生活需要，而享受各种服务的消费者，又用自己的收入支付劳务费。部分劳务费便成为劳动提

供者的收入，部分成为服务单位的提留基金和上缴的税金，因而实现了这部分国民收入的再次分配。

基于已有研究，本文将"第三次分配"界定为，是对第一、二次分配所得收入进行的再次分配，是组织（或企业）和自然人（或居民）所得收入或财富的再次转移。"第三次分配"虽然在不同国家会有不同的多种方式和途径，但根据概念定义的内涵界定外延的常识，在实践中通常主要包含三个层面内容：一是在道德层面，主要是个人和社会团体通过公益慈善如志愿行动、民间捐赠、慈善事业等方法和途径帮助贫困、弱势群体的行为；二是在制度层面，即通过经济制度和政策设计，在社会分工体系中对社会各阶级各阶层获得的部分收入所进行的再次分配；三是在法制层面，即国家充分行使社会财产分配权，通过强化"财产税"功能以调节和平衡部分私人巨额财富的流向。这三项重要方式和途径都是我国"第三次分配"不可或缺的。

（二）学界关于"第三次分配理论"的观点述评

1. 我国"第三次分配"观点的提出

北京大学厉以宁教授（1994）较早提出"第三次分配"观点，将"第三次分配"仅仅界定为"道德与习惯"对经济的调节，而且主要是在自愿基础上富裕人群以慈善形式转移社会财富和资源到贫困、弱势群体，并认为这会有利于缩小社会财富水平差距。张银平（2021）认为，当一个国家具备了一定的经济基础和社会条件后，会不断缩小收入的差距和提升财富的水平，每个人都能够享受到逐渐平等的权利和均等的机会以及社会公共服务。宋林飞（2007）则认为，第三次分配是能够补充政府分配的不足和弥补市场分配漏洞的重要社会分配方式，因而是对社会力量调节的"第三只手"。

2. 我国个人收入分配制度的现状

"初次分配"主要由市场机制根据效率原则在（企业）微观中调节，必然难以避免地存在个人收入分配不公平的问题。"二次分配"主要由政府根据相对公平原则在宏观中调节，但客观上因调节能量的有限性，调节范围和效果都难以覆盖全社会。针对前两次分配后仍然存在个人收入分配差距仍然过大的现实问题，中央提出通过"第三次分配"如慈善事业等途径缩小贫富差距，以推动实现共同富裕目标。但是，我国当前存在的慈善文化尚不成熟、制度供给不及时、公信力不足、财富伦理滞后、社会主体缺失等问题，严重影响"第三次分配"的实施。为促使更多的个人和群体参与第三次分配，除了进一步发挥政府和企业的调节功能外，还需要加强社会性调节，包括逐渐提升各种非政府和非营利组织构成的"第三部门"的调节功能，这是符合国际经济社会发展趋势的重要举措。

3. 西方"福利经济学"的弊端与发展

美国经济学家阿瑟·奥肯指出，市场经济追逐效率是其天然竞争规则，必然会引发出各种不公问题，社会需要新的更好的方式来帮助弱者，实现经济的良性发展。随着社会福利问题越来越被关注，西方的福利经济学越来越成为热门学科，社会发展的目标也不再是单纯追求不断增长的 GDP 和越来越多的物质财富，而是逐步转变为追求社会福利水平的不断增长。福利经济学把一个国家或者世界的社会福利视为其研究对象，并提出美好愿望是增进社会"幸福感"。同时，福利经济学者们更加关注社会上逐渐扩大的贫富差距，更加关注弱势群体的福利待遇，并主张政府通过累进税收和社会福利等办法以调整国民收入再分配来实现。但是我们看到，"福利经济"会削弱市场机制作用的发挥，会导致人们对福利逐渐依赖而丧失自觉进取性，失控的福利公共开支所引发的财政危机甚至会导致国家破产。于是，在新自由主义经济学思潮的影响下，"新福利经济学"应运而生。其基本观点是，不主张通过政府干预经济来实现社会福利最大化，认为政府应确保每个人能够自由地在市场行动，而社会资源的合理配置也只有在人人相对自由的状态才能实现。

由上可见，党中央提出的"第三次分配"是在坚持注重效率的初次分配和注重公平的再分配基础上，更好地提高全民福祉水平的一种重要途径，既要解决"市场不为"的问题，也要解决"政府不能"的问题，最终目的是要实现共同富裕。"第三次分配"没有现成的理论指导，看似比较成熟的"福利经济学"值得借鉴的方面也很有限，绝不能搬来简单套用。

二、他山之石：典型国家福利制度实践效果的理论分析

从主流经济学和公共财政学的分配理论的角度看，典型国家的福利制度属于第一、二次分配的结果，但相关措施及经验教训对我国"第三次分配"具有一定的启示意义。例如，北欧各国高福利制度主要是通过第二次分配而逐步形成的。我国的"第三次分配"也可以从北欧各国福利制度中借鉴某些经验。

（一）北欧国家福利制度实践及效果评价

第二次世界大战后，西方发达国家普遍开始立法建立福利制度，其中北欧的瑞典、丹麦、挪威等国家的高福利制度最为典型。此时的北欧经济已经进入了高速发展时期，经济的高速增长积累了雄厚的财富基础，于是在原有福利制度的基础上，不断充实和扩展其内容，逐渐形成社会民主主义体制的高福利模式。该模式遵循的是普遍主义和平等观念，通过增强再分配效应和高税收，一定程度上既能够缓和社会矛盾，又能够促进经济发展。

美国社会学教授马科斯·费尔逊（Marcus Felson）和伊利诺伊大学社会学教授琼·斯潘思（Joe L. Spaeth）1978 年提出"共享经济"命题之后，经济学者又认为社会整体福利水平的提高实际上是"共享经济"增长成果的结

果。但是在 20 世纪 70 年代中期以后，由于世界性经济危机的爆发，使北欧各国的经济陷入困境，福利制度赖以生存的经济基础受到挑战。但福利制度的刚性要求，使得各国不但不能减少福利水平，还必须持续提高，因而导致财政赤字不减反增。但是，如果社会总体福利仅靠政府负担，巨大的"财政黑洞"无疑终将使社会经济正常运行难以为继。

不健全的福利制度不仅对一国财政是巨大的挑战，甚至会导致社会的"工作泄劲"。用以支撑北欧各国高福利水平的是征收高额累进税。过高的税收使追加的大部分劳动生产物落入政府手中，劳动与收益之间的联系被截断，人们的劳动积极性也被打击。同时不工作依赖福利制度不仅可以避税，还可以维持基本生活，这就形成了一大批藏匿于福利制度下的"食利者"，这与福利制度建设的初衷相违背，而且造成了大量的其他社会问题。瑞典经济学家林德贝克将此后果称之为福利国家中的"工作泄劲"，即人们倾向在家里从事服务性生产，更甚者会选择违法交易来避税，与政府高税收抗争；或者仅靠失业救济金生活，放弃就业。毋庸置疑，"工作泄劲"是福利国家生产率下降的一个重要原因。

福利国家的政治经济体制具有高度一致性，福利制度建立的有利条件是国家的政府、工会与企业能够展开有效合作。但在 20 世纪 70 年代中期以后，右翼政党指责社民党过分干预社会经济，政治上的一致性开始动摇。社民党的执政优势遭受冲击，其在北欧政坛长期执政的局面已成为历史，政治力量开始逐渐转移，左右翼政党势力逐步均衡。这种均衡使得北欧各国的左、右翼政党为吸引选民都把改革福利制度作为主要手段，但是不断变化的福利制度又进一步加剧了社会动荡。可见，高福利国家如何改革和健全福利制度道阻且长。

北欧高福利国家多年的福利制度实践效果证明，如果一个社会的财富分配仅仅依靠政府的效力是有限的，甚至会威胁到一国政治稳定性。北欧福利国家普遍意识到这一弊端，因而计划改革福利制度。改革的实质内容是进一步调整国家体制的组织模式，强调地方化改革，逐步加强社会的自我调节；改革的动机是为政府减轻负担、为企业激发活力、为个人培养社会责任感；改革的目标是建立一个国家、企业、个人彼此更加协调互动、富有创新和活力的福利国家。由于长期的高福利制度已成为北欧社会被各党派和广大民众认可的一种文化，因此高福利制度改革的措施较为稳健和谨慎。

（二）几点启示

虽然上述典型国家的福利制度没有涉及"第三次分配"，但相关措施及经验教训对研究我国的"第三次分配"具有重要的启示意义。

1. 福利制度体系需要与经济发展水平相匹配

即使在经济条件允许的条件下，福利制度的内容和规模也必须严格控制。因为如果福利支出比例提高的幅度过大，就会导致国家财政不堪重负，甚至经济下滑与通货膨胀并发，最终无法实现社会福利提高的预期目标。同时，由于社会福利特有的刚性，福利制度的内容和规模只能根据本国经济实际承受水平量力而行。因而，发展和完善福利制度只能是稳步渐进的过程，内容由少到多，规模由小到大，切忌盲目地与西方福利国家的福利水平攀比。

2. 福利制度需要多元化

由于社会福利特有的刚性，因而如果仅靠政府提供福利供应，在任何国家都难以全面满足国民的福利需求。从北欧各国的福利制度实践看到，社会力量是重要的福利资金来源之一。我国是人口大国，如果仅靠政府提供福利制度支出是难以全面满足 14 亿人口福利需求的。因此，政府应积极调动市场机制与社会团体的力量，构建起供给主体多元化的福利制度。如在鼓励和完善城乡居民的家庭保障措施的同时，激励企业参与推进医疗和养老事业，也可以适度发展商业化医疗和老年康养产业，此举不失为"第三次分配"的一种重要形式。

3. 福利制度构建需分级协调推进

北欧社会福利制度地方化改革的方法值得借鉴，在集中决策、各方协调的前提下，构建福利制度权中央与地方各级负责体制，分级划分中央与地方的职责。我国地方政府对于福利制度权的使用一直未能明确，以致在实践上地方政府参与福利制度建设的积极性和主动性不高。因此，首先要完善福利制度的法规，有必要依法实行福利制度权分级负责制，明确赋予福利制度权给地方政府；同时还要规范福利制度的各项供给行为，实现有法可依。

4. 福利制度改革需考虑社会稳定因素

福利制度的改革涉及面极广，关系到社会稳定。所以福利制度的改革必须谨慎和稳妥。典型国家的改革实践表明，福利制度大的变动，稍有不慎便容易酿成社会"地震"。因此，我国追求共同富裕目标下的福利制度，在注重效率的基础上，需要更加注重社会公平，充分调动第三次分配的力量，尽量扩大覆盖范围，发挥好福利制度的社会"稳定器"作用，以保证社会主义福利制度的可持续发展。

三、必然性：共同富裕目标下亟待强化第三次分配

由基本国情所决定，我国特色社会主义建设过程，既要坚定不移地发展公有制经济，又要坚定不移地发展民营经济。目前，在第一、第二次分配体制框架下形成了个人收入分配的较大差距。虽然我国的经济总量较大，但在现行体制与政策框架下要实现共同富裕，不能仅依靠第一、第二次分配来实现，需要通过"第三次分配"对差距过大的个人收入和财富进行再调节。因此，强化"第三次分配"成为必然。

（一）共同富裕是共产党人的初心和社会主义的本质要求

马克思主义自诞生以来就把实现全体人民共同富裕作为未来社会奋斗的目标，这也是中国共产党人的奋斗愿景，是为人民谋幸福的初心使命。新民主主义革命时期，推出平均地权、消灭资产阶级、保护民营资本等政策，夯实了革命斗争的群众基础。社会主义革命和建设时期，强调发展公有经济、公平公正、按劳分配等。改革开放时期，突出强调提高生产效率、培育经济发展极、兴办经济特区、大力发展民营经济、全面开放市场和招商引资，通过加快经济发展以满足人民日益增长的物质文化需要。党的十八大以来，强调贯彻新发展理念，牢牢坚持"以人民为中心"的发展理念，努力构建新发展格局、建设现代化经济体系，推动解决不平衡不充分的发展矛盾，扎实推进共同富裕。直到党的十九大，中国共产党人始终不忘初心，以实现共同富裕为奋斗目标。

共同富裕之所以是社会主义的本质要求，是因为它区别于在资本主义制度下广大劳动群众处于被剥削与压迫的地位，仅能支撑基本生活需要，根本不存在广大劳动群众实现"富裕"的可能。而在社会主义制度下，劳动人民的生存发展同社会发展目标相一致，其价值目标就是追求人民生活的富裕富足，以此充分调动了人民群众的积极性和创造性，通过极大地发展社会生产力，以不断地满足人民群众日益增长的物质与文化需要。

共同富裕之所以是社会主义的本质要求，是因为它突出反映了社会主义本质以及中国共产党领导执政的根本宗旨。习近平总书记强调，中国特色社会主义事业发展的目标任务就是实现全体人民共同富裕，这是对社会主义本质认识的升华，也是对社会主义建设规律认识的深化，成为当代中国政治经济学的重要任务。第一，为推动全体人民共同富裕取得实质性进展，中国共产党始终是中国的坚强领导力量，是中国特色社会主义的政治保证，也进一步诠释了全心全意为人民服务的根本宗旨。第二，实现共同富裕，指明了党团结带领人民的前进方向和奋斗目标，极大凝聚了民心力量、鼓舞了奋进斗志，为开启全面建设社会主义现代化国家新征程注入了"指路引航"的理论基础。第三，习近平关于共同富裕的重要论述，表现了中国共产党人的理论自觉，体现了对社会主义基本经济制度、分配制度和经济体制的完善，也在实践上从经济领域延伸到社会各领域，推动社会主义现代化建设行稳致远。

共同富裕是社会主义的本质要求，但并不意味着在全社会搞绝对平均主义，而是分阶段、有条理、循序渐进的长期战略目标。从实现共同富裕的根本宗旨看，要坚定"以人民为中心"的发展理念，改革发展成果必须惠及全体人民，我国社会主义现代化建设的最终指向共同富裕；从实现共同富裕的实现过程看，要从最基本的国情出发，是逐步以"先富带后富"的渐进过程，现实表现为逐步缩小贫富差距，最终实现全体人民的共同富裕；从实现共同富裕的直接表现看，因为是社会主义市场经济体制下追求共同富裕，所以既要发挥社会主义公有制的主体地位和作用，又要保持非公有制经济体的活力和效率，因而不能搞绝对的平均主义，只能是相对公平的共同富裕。

（二）强化第三次分配是对政府及市场机制失效的矫正

市场经济高速发展，人们日益推崇市场对经济的调节作用。但市场机制失效时有发生，特别是 20 世纪 30 年代大萧条时期，人们逐渐意识到市场不是万能的，政府的作用不可或缺。但是市场与政府分配社会财富的过程中也存在失效现象。这种失效通常表现为在第一次和第二次分配中过度侧重于财富分配而忽视社会权力资源的分配、侧重分配效率而忽视分配公平，因而难以满足社会上多样化的分配需求，开展第三次分配成为必要。

初次分配反映了劳动者的能力和技术水平以及其财富等因素，由于个体差异较大，"起跑线"不同，必然导致社会收入差距不断扩大的趋势难以控制。同时，在优胜劣汰准则下，残酷的竞争必然导致收入分配结果与实现社会公平背道而驰。为了保障社会公平，政府调节机制主导的再分配能够重新分配部分国民收入，政府调节的美好愿景是兼顾效率与公平，但受缚于各类现实条件，再分配也存在难以熨平初次分配收入差距过大的局限。由此，用第三次分配"温柔之手"调节收入分配，在一定程度上能够舒缓市场和政府相较来说硬性的分配方式，以适度弥补初次分配、再分配不均的结果。虽然三种分配是平行结构，难以清晰划分发生时间的先后，但从逻辑关系来看，再分配与第三次分配均以初次分配为基础，旨在优化初次分配后形成的严重的收入差距结构；且第三次分配则是再分配的补充。通过三种分配机制的良性互动，有助于对政府及市场机制失效的矫正，有助于一个国家完备收入分配相对公平体系的形成。

四、可行性：共同富裕目标下第三次分配的保障条件

经过七十几年的改革、发展与建设，目前我国实施"第三次分配"已经具备了必要和充分的保障条件：强大的组织保障、优越的制度保障、雄厚的经济保障和深厚的民意保障。

（一）强大的组织保障：中国共产党的领导

在马克思主义指导下，中国共产党领导人民群众进行理论探索和实践革命，提出第三次分配是消灭不公平的分配制度，是构建以人民为中心、以共同富裕为目标的分配制度，同时这也是中国共产党变革分配制度的最终目的。从理论探索与现实发展的角度来看，中国共产党领导下以人民为中心的分配制度变革与人民共同富裕相互促进：一方面，第三次分配以实现共同富

裕为目标保证了分配制度改革的根本方向；另一方面，共同富裕目标也会被以人民为中心的分配制度变革不断向前推进。中国共产党在其所追求建立的社会主义框架内不断进行分配制度变革，努力实现理想的社会主义社会，这也是中国共产党自成立之日起到现在百年来始终进行的主要任务。中国共产党分配制度变革的主线是坚持以人民为中心。经过艰苦卓绝的革命，改变了中国人民被剥削、被压迫的处境，中国人民走上了社会主义的起点；通过三大改造，建立社会主义公有制，实现按劳分配；改革开放后确立了按劳分配为主体、多种分配方式并存的中国特色社会主义分配制度。由此可以看出，逐渐完善的分配制度均是在中国共产党的领导下实现的，共产党的领导是未来在共同富裕目标下实行第三次分配制度强大的组织保障。

（二）优越的制度保障：宏观调控体系

党和国家尤为重视第三次分配在社会发展中的重要作用。从基本经济制度建设的维度出发，党的十九届四中全会首次将第三次分配规定为坚持"按劳分配为主体、多种分配方式并存"分配制度的重要方式。党的十九届五中全会再次强调第三次分配对社会财富公平分配的价值，说明缩小收入分配差距实现共同富裕是我国在历史交汇期改革开放的重点之一。2020年国务院支持浙江高质量发展建设共同富裕示范区，意在通过实践进一步丰富共同富裕的思想内涵，探索破解新时代社会主要矛盾的有效途径，其中也包含了对第三次分配的探索，为全国推动共同富裕提供省域范例。以上均体现出国家对第三次分配的重视，对缩小收入差距实现共同富裕的决心。具体表现为，政府目前关于第三次分配的制度主张以引导各主体参与到第三次分配中来为主，辅以税收优惠政策激发其积极性，如对公益慈善机构的捐赠收入免征各类税收，对公益项目受益者获取的收入和财富给予税收优惠等。为保障第三次分配的持续稳定开展，党和国家还决议通过有关规范性文件，如《中华人民共和国慈善法》《慈善组织公开募捐管理办法》《中华人民共和国民法典》等，同时各地也制定具体的有关第三产业管理实施办法，促进公益捐赠行为和第三产业的规范化。

（三）雄厚的经济保障：社会财富积累

改革开放以来，持续高速增长的国民经济下人民温饱问题已全面解决，居民大步走向小康，达到富裕生活水平的人口不断增多，这为第三次分配提供了雄厚的经济保障。在经历共同贫穷的年代后，我们在短短几十年间，创造了人类发展史上的奇迹，中国共产党领导和我国社会主义制度的显著优势与国家治理体系的巨大优势得到充分证明。

党的十四届三中全会提出"效率优先、兼顾公平"，是为了解决彼时社会生产无法满足物质需要的社会主要矛盾。从十四届三中全会至今，我国经济已经发展了将近 30 个年头，国内生产总值（GDP）、人均 GDP、人均收入等都实现了巨大跨越。据《中国国家资产负债表 2020》课题组统计①，2019 年社会总资产已经达到 1655.6 万亿元。经过 20 年的发展，中国的 GDP 在 2019 年达到近 100 万亿元，相较于 2000 年的 10 万亿元增幅近 90 万亿元；而财富存量在 2019 年达到 675.5 万亿元，与 2000 年的不到 39 万亿元相比是飞跃式的增幅。如此速度的社会财富积累，为早日实现共同富裕提供了雄厚的经济保障。接下来，应利用政府的力量，与市场合作共同处理好效率与分配。这不仅关乎民生福祉，更关乎打破经济发展的桎梏，全面释放生产要素的潜力。

（四）深厚的民意保障："天下大同"理念

十九届四中全会指出我国坚持弘扬中华优秀传统文化是国家治理体系所体现的重要优势之一。中华民族具有"仁爱"的传统美德。孔子的"仁者""爱人""博施于民而能济众"等思想影响深远，《礼记》中"鳏寡孤独废疾者，皆有所养"，《周礼》里"保息六养万民"。早在我国传统道德思想中，"慈善"与"义"密切相关。如"义聚"意为劝善集会，"义仓"意为慈善粮储等。现代慈善意识，不是强调少数富有者救济贫穷人，而是强调全社会公民出于自愿主动组织起来为别人做力所能及的事叫"义"。"守望相助"则体现了中国传统的邻里伦理，作为一种不断传承的美德，"天下大同"是中华民族从古至今的终极愿望。因此，我国实行第三次分配制度，在人民群众的理念中具有天然的保障。同样，政府针对第三次分配的理论研究和政策实践也要从中华优秀传统文化中吸收精华，其可为中国方案提供指引。第三次分配大量来源于传统文化、植根于传统文化的思想、文化内容丰富，中华优秀传统文化是第三次分配的思想宝库和不竭源泉，也正是悠久的思想文化形成了对于实行第三次分配深厚的民意保障。

五、对策建议：共同富裕目标下强化第三次分配的宏观思考

（一）科学的第三次分配顶层设计

第三次分配，注重的是社会性的分配机制，促进及规范其运行需要一套科学的且相互协调的政策体系相配套。一方面，相关政策要避免简单化、粗暴化，既不能直接套用旧的税收和转移支付等方式，也不能原封不动地用前

---

① 2021 年 2 月 26 日，中国社会科学院国家金融与发展实验室、中国社会科学院金融研究所和中国社会科学出版社在北京发布《中国国家资产负债表 2020》。

两次分配的思维去解决相关道德文化和第三产业部门的问题，否则第三次分配会被模糊掉其作为一种新分配方式的意义；同时我国资本的快速扩张使社会财富差距越来越大，严重阻碍了共同富裕进程，需要一定的科学的法律措施遏制资本的无序扩张，即把各种资本监管手段制度化，使之上升为国家意志。另一方面，第三次分配政策制定时的协调性也不容忽视，需与现行市场经济模式、社会治理体系相配套。第一是分配对象和领域上的协调，如针对弱势群体的社会救助及第三产业部门改革问题；第二是分配机制上的协调，如社会性财富分配要与个人和企业的影响力投资、社会责任等配套。科学的第三次分配顶层设计需要在理论与实践研究基础上，稳妥审慎地开展政策分析与研究，早日构建与第三次分配相适应的政策框架和制度体系。

（二）完善的第三次分配法治建设

政府要持续完善第三次分配法治建设，大力扶持公益慈善事业和第三产业的发展，保障社会财富公平分配，早日实现共同富裕。目前，中国的公益慈善事业面临诸多挑战，全社会还未形成健康可持续的公益氛围，慈善机构发展举步维艰，政策、制度、人才等层面存在许多制约和瓶颈。我国政府强大的社会动员能力是中国特色社会主义的一个显著优势，政府要利用这一优势，动员社会各主体积极参与到公益事业中来，营造一个健康可持续的公益氛围。同时，政府要充分发挥法制权威，为公益慈善事业的发展提供公平正义的法制环境，建立健全促进公益慈善事业发展的法律法规体系；严格执法，打击非法行为，维护合法权益；加强日常监管，严格规范登记、监管、执法等行政行为。除此之外，第三产业部门的收入分配作为第三次分配的重要部分，在我国起步较晚，仅仅依靠市场调节无法达到收入分配公平的目标，亟须政府力量完善其行业规范制度，早日形成与其适配的健康的行业环境。

（三）深入的第三次分配理论教育

学者们对第三次分配理论探索的意义在于应用，不断发展的第三次分配理论探索成果要与全社会共享，第三次分配的重要思想来源于公益慈善，对人民群众进行慈善文化的培育和慈善教育的普及具有重要意义。为此，不仅政府要扩大慈善宣传的范围，而且要激励慈善组织开展慈善教育活动。公益慈善不仅涉及钱和物，更是精神和道德层面的事情，是衡量社会文明度的一个重要标尺。对各个主体来说，公益慈善应成为一种价值观；对整个社会来说，公益慈善是一种社会理念和社会风尚。需要鼓励更多的人参与到公益慈善事业中来，不仅是更多的富人，有爱心、有担当、有责任的普通民众也要加入这项助力共同富裕的事业中来。树立公益慈善意识，提高公益慈善的自觉性，强大的公益力量正是由每个社会成员献出的一点爱凝聚而成。慈善文化是形成人人乐于谈论和实施慈善行为的社会氛围，然而这种社会氛围还未形成。当前我国慈善文化发展不成熟，理论教育普及不够。因此，要促进第三次分配的制度创新和良性发展，就必须在全社会形成广泛的仁爱、慈善意识。

（四）具体的第三次分配组织实施

1. 加强对第三次分配的分区先行先试

2020年国务院支持浙江建设共同富裕示范区，原因是促进全体人民共同富裕是一项艰巨而长期的任务，也是一项现实任务，迫切需要选取部分条件相对具备的地区先行示范。同理，第三次分配也需要在合适的地方先行设立能够开展政策试验的区块，不拘泥于形式，鼓励第三次分配实践；总结社会经验，探索政策及体制上各种可能的创新，遵循其规律逐渐形成有效的政策和体制。第三次分配实践发展与慈善等社会公益事业日益活跃，如共享经济与初次分配相交领域的不断创新。但与被实践检验多年的市场机制和政府机制相较，第三次分配在实践中远未成熟，需持续观察和深入探析不断涌现的新现象，加强对各种实践案例的研究，探索其还未浮现出来的机制和规律。目前，我国人均商品消费水平越来越高，直接拉动了第三产业部门的快速提升，第三产业部门的收入分配日益成为第三次分配的重要组成部分。所以，提高第三产业部门收入水平也是增加第三次分配比重的重要方式。但是处在我国市场经济的环境下，各行业牵一发而动全身，所以对此项改革需要慎重，不可大刀阔斧或一刀切，需分区先行先试，总结经验，逐步推广。例如，旅游可以有效带动第三产业中的流通部门以及为生产和生活服务的部门，因此，各省份也可以选择旅游热门城市和乡村为先行示范区，合理规范地调节其收入分配。

2. 实现公益慈善事业的专业性建设

目前公益慈善事业正处于空前的历史发展机遇，必须高度重视保障其更好发展的公益慈善等专业性建设问题。公益慈善事业的持续发展需要相关政策支持、良好的制度安排、高水平的组织架构和高素质的工作人员等因素共同保障。高素质工作人员需要具备较高的道德修养、知识素养、专业能力以及高尚的人格操守。公益慈善活动从资金的募集，到项目的实施，再到人员的招募和管理等等，都需具有较高的专业素养。我国大约有1000万左右从事公益慈善事业的人员，但大部分从业人员专业化素养不够，公益慈善教育事业亟待发展。国家应该积极倡导和扶植在高等学校中开设公益慈善专业，并加强对公益慈善人员的教育和培训，为第三次分配制度创新实践奠定扎实的专业基础。

3. 鼓励发展承担慈善事业的社会企业

慈善经济为第三次分配提供了必要的道德资源，而创造慈善经济的重要载体是社会企业，这类社会企业在深圳已有 234 家。社会企业本质还是企业，具备企业的一般性质，但这类企业与一般的传统企业不同，其发展目标不是利益至上，企业所获利润主要支出并不是股东分红，而是用于公益慈善事业，或者转化为资本用于再投资，获取更多的利润大力支持发展公益慈善事业。除了社会企业本身，老龄事业、社会福利事业等，可发展慈善经济。这一模式，既可为企业创造经济价值，也可以创造社会价值，实现公益性与商业性、营利性的有机结合，从最初的对立冲突走向和谐共赢。为此，国务院关于支持浙江高质量发展建设共同富裕示范区的意见中就提到，要"建立健全回报社会的激励机制，鼓励引导高收入群体和企业家向上向善、关爱社会，增强社会责任意识，积极参与和兴办社会公益事业"等方面内容。

4. 提高第三产业部门的发展水平

第三产业部门的收入分配不仅在第三次分配中占据重要地位，而且对经济运行质量的提升作用也十分显著。2017 年我国第一产业增加值占国内生产总值的比重为 7.9%，第二产业增加值比重为 40.5%，第三产业部门增加值比重为 51.6%。2007~2017 年的 10 年间，我国第三产业部门增加值比重上升至 51.63%，但距离发达国家 70% 的三产占比仍有较大差距。基于第三产业的重要性与其实际发展水平的矛盾，提高第三产业发展水平和质量刻不容缓。其中，最基础的就是要提高第三产业部门的收入，提高从业人员积极性，促进社会资本投资，共同助力其发展。值得注意的是，受当代数字经济发展及疫情冲击，第三产业部门中的传统零售实体企业成了"特困户"，虽然有一部分企业能够抓住机遇利用各种方式自救，但整体零售行业的倒退已然成为现实。因此，需要政府扶持共渡难关。当前，除了对零售业等特困行业实行阶段性缓缴养老保险费政策，运用货币政策工具支持实体经济发展外，还可通过政府发放定向消费券的方式，激活消费，拉动需求；同时，还可以减免税收及利用金融小微贷等措施减轻企业负担。第三产业部门的整体收入水平及地位得到提升后，第三次分配的主动性也能大幅提升，而不仅仅依靠相对被动的慈善事业，愈发有利于增加第三次分配在社会的比重。

参 考 文 献

[1] 厉以宁：《股份制与现代市场经济》，江苏人民出版社 1994 年版，第 77 页。

[2] [美] 阿瑟·奥肯，王奔洲译：《平等与效率——重大的抉择》，华夏出版社 1987 年版，第 80 页。

[3] 王馨蕾：《北欧福利制度研究》，上海外国语大学，2018 年，第 57 页。

[4] 宋林飞：《第三次分配是构建和谐社会的重要途径》，载《学海》2007 年第 3 期，第 68~72 页。

[5] 王琳、唐子茜：《当代中国共产党人共同富裕思想研究综述》，载《前沿》2012

年第 24 期，第 34～35 页。

　　［6］元晋秋：《坚持和完善我国基本分配制度要重视发挥第三次分配作用》，载《现代经济探讨》2020 年第 9 期，第 9～14 页。

　　［7］孙小琴：《新旧福利经济学的差异及其对我国国有企业改革的启示》，载《经济研究导刊》2019 年第 33 期，第 23～24 页。

　　［8］梁朋：《重视发挥第三次分配在国家治理中的作用》，载《中国党政干部论坛》2020 年第 2 期，第 33～36 页。

　　［9］王名等：《第三次分配：理论、实践与政策建议》，载《中国行政管理》2020 年第 3 期，第 101～105、116 页。

　　［10］张银平：《重视发挥第三次分配作用　助推实现共同富裕》，载《求知》2021 年第 11 期，第 28～31 页。

　　［11］方宁：《新时代中国共产党共同富裕思想的发展与实践研究》，载《南京审计大学学报》2022 年第 1 期，第 8～17 页。

　　［12］吴文新、程恩富：《新时代的共同富裕：实现的前提与四维逻辑》，载《上海经济研究》2021 年第 11 期，第 5～19 页。

　　［13］厉以宁：《论共同富裕的经济发展道路》，载《北京大学学报（哲学社会科学版）》1991 年第 5 期，第 3～13 页。

　　［14］何立军、李发戈：《社会企业在第三次分配中的作用机理研究》，载《社会政策研究》2022 年第 1 期，第 103～108 页。

　　［15］刘洋、赵云亭：《第三次分配中的网络慈善：价值意涵与实现路径》，载《新疆社会科学》2022 年第 4 期，第 180～187、190 页。

　　［16］蓝煜昕、何立晗：《第三次分配背景下慈善资源的分配有效性：框架与机制》，载《行政管理改革》2022 年第 5 期，第 83～92 页。

Theoretical Discussion and Practical Countermeasures of the "Third Distribution": From the Perspective of Common Prosperity

Lei Jiaxin   Yang Feng

(College of Economics and Management,
Jiangxi Agricultural University;
Nanchang, JiangXi, 330045, China)

Abstract: Under the goal of common prosperity, it is urgent to strengthen the third distribution from theory and practice. First of all, it defines the connotation and extension of the basic concept on the basis of the review of the theoretical viewpoints of the third distribution in academic circles, and briefly evaluates the welfare systems in typical Nordic capitalist countries such as Sweden, Denmark, Norway to get important inspiration. Then it expounds the necessity and feasibility of strengthening the third distribution under the goal of common prosperity. The necessity lies in the fact that common prosperity is the original aspiration of Communists and the essential requirement of socialism, and strengthening the third distribution is to correct the failure of the government and market mechanisms; The feasibility lies in the strong organizational guarantee—the leadership of the Communist Party; the superior institutional guarantee—the macro-control system; the strong economic guarantee—the accumulation of social wealth; the profound public opinion guarantee—the concept of "Great Harmony in the World". Finally, put forward countermeasures and suggestions to strengthen the third distribution: scientific top-level design of the third distribution, perfect legal construction of the third distribution, in-depth theoretical education of the third distribution, and specific organization and implementation of the third distribution, it is necessary to strengthen the regional pilot project and realize the professional construction of public welfare and charitable undertakings.

Keywords: The third distribution; common prosperity; theory and practice

共同富裕目标下个人收入分配公平性研究

杨　静　谢元态*

【摘要】 个人收入分配公平对于共同富裕的实现具有重要意义。以个人收入分配公平性为切入点，通过对共同富裕目标下城乡、地区、行业间的个人收入分配现状及劳动者报酬公平性的分析，研究发现当前个人收入仍存在较大差距且劳动者报酬占 GDP 比重较低，收入分配不公平现象严重。深入分析发现，区域与劳动者资源禀赋存在差异、劳资关系矛盾尖锐、市场竞争秩序混乱与三次分配机制失范是导致个人收入分配不公的主要原因。为促进社会财富的公平分配与共同富裕目标的实现，应在初次分配中兼顾效率与公平，重视起点、过程、结果公平；在再分配中更加注重公平，重视税负、社会保障与转移支付公平；在第三次分配中充分发挥慈善事业的补充作用与第三产业的带动作用，重视慈善捐赠与服务报酬公平。

【关键词】 个人收入分配　公平性　共同富裕

实现"个人收入分配公平"与社会主义共同富裕，成为国家亟须重视的经济与政治问题。因此，研究共同富裕目标下个人收入分配公平性是当前紧迫的课题。

一、个人收入分配公平概念释义与理论评析

（一）"个人收入分配""公平"基本概念释义

学术界一致认为，研究"个人收入分配"是从分配结果出发，研究不同个体在参与收入分配时的最终收入情况。按照马克思主义经济学一般原理，劳动与资本的分配比例最终决定个人收入分配的结果；反之，个人收入分配结果也影响着社会生产关系。在生产与再生产中劳动者作为主体，必须从分配中获得公平合理的财富份额，才能提高劳动者的积极性。

"公平"是一个横跨多学科的基础性概念。有观点认为"凡是合乎效率需要的人与人利益关系及有关原则、制度、做法等都是公平的"（戴文礼，

---

* 作者简介：杨静（1999~），女，汉族，江西赣州市人，江西农业大学 2021 级政治经济学专业硕士研究生，研究方向：《资本论》。谢元态（1955~），男，汉族，江西上犹县人，江西农业大学经济学教授，研究方向：《资本论》与转型经济，为本文通讯作者。

1997)①，这种观点突出效率优先，但事实上过度追求效率并不符合人民群众的根本利益；也有观点认为公平与正义不可分割，美国学者罗尔斯用"分配正义"原则阐释公平："正义的原则是一种公平的协议或契约的结果"（罗尔斯，1988)②。当然公平与正义并不相悖，分配正义的前提是分配公平。

实践中个人收入分配公平可以细分为起点、过程、结果公平。起点公平指参与收入分配的个体均可获得平等机会，不考虑身份地位、成就的情况下平等共享社会资源；过程公平指参与收入分配的个体必须遵循规章制度、实行统一的奖惩标准；结果公平指参与收入分配的个体付出的劳动与报酬相匹配，社会发展成果全体成员共享，且个体间收入差距合理。习近平总书记提出了科学的公平正义观，强调要重视分配过程中的过程与结果公正，社会公平应包括权利、机会、规则公平，注重形式与实质的统一（杨信礼、卿潇潇，2021)③。

综上所述，个人收入分配公平可以理解为在公平正义原则下一个国家不同个体参与收入分配时拥有平等的机会、竞争条件，能够平等地享有社会资源，且保持适度的收入差距。在社会主义市场经济条件下，我国个人收入分配应尊重劳动者权益，兼顾效率的同时更加注重公平，保证全体社会成员在发达的社会生产力下共同占有社会财富，最终实现共同富裕目标（袁春晖，2009)④。

（二）个人收入分配公平性理论评析

1. 马克思主义个人收入分配公平理论

（1）马克思认为个人收入分配公平是"相对公平"。收入分配公平具有历史性与相对性。从历史性来看，个人收入分配与社会生产方式与生产关系密切相关，分配方式与公平性也取决于不同阶段的社会形式，贯穿于人类社会各个发展阶段。马克思提出"所谓的分配关系，是同生产过程的历史的规定的特殊社会形式，以及人们在他们人类生活的再生产过程中相互所处的关系相适应的，并且是由这些形式和关系产生的。"（马克思，2004)⑤ 不同时期由于社会性质、经济发展状况的不同，采取的分配手段也是不同的，个人收入分配应联系实际、切合实情。从相对性来看，个人收入分配公平取决于生产资料分配及物质生产过程的公平性，体现的是社会成员在参与收入分配

---

①　戴文礼：《公平论》，中国社会科学出版社 1997 年版，第 34 ~ 35 页。

②　罗尔斯：《正义论》，中国社会科学出版社 1988 年版，第 10 页。

③　杨信礼、卿潇潇：《论习近平公平正义观的内在逻辑》，载《理论学刊》2021 年第 6 期，第 15 ~ 22 页。

④　袁春晖：《共同富裕：效率与公平统一的基础和目标》，载《中国经贸导刊》2009 年第 23 期，第 78 页。

⑤　马克思：《资本论》第 3 卷，人民出版社 2004 年版，第 999 ~ 1000 页。

时"主观感受到"的公平程度。马克思指出"难道各种社会主义宗派分子关于'公平的'分配不是也有各种极不相同的观念吗?"（马克思、恩格斯，1995）① 不同个体对公平的感知很容易被主观意识影响，对于公平性的理解与体会自然也不尽相同。这种公平是取决于个人收入分配是否合情合理合法的相对公平，绝对平等、完全公正也不可能存在，公正平等必须以现实社会为基础（张文杰，2019）②。

（2）马克思特别强调按劳分配正义思想。马克思的按劳分配正义思想，强调以劳动为计量、以公平为基础允许全体劳动者共同参与分配，在分配过程中劳动者平等享有与劳动相匹配的分配权利，劳动者凭借其付出的劳动获取劳动所得（邹升平、梁嘉蔚，2021）③。这一思想也强调劳动是价值的唯一源泉，打破了资本主义按生产要素贡献分配的不合理性，肯定了劳动创造价值的重要性。按劳分配正义思想的实现，取决于现实社会的生产力水平与发展程度，生产资料公有制是重要基础，可以有效保障劳动者权益从而避免剥削行为。社会主义阶段的按劳分配还存在着形式上平等而事实上不平等的局限性，只有在生产力高度发展，劳动成为发展的第一需要，体力与脑力劳动差别不存在时，这种局限性才能被克服。实现按劳分配正义的方式应结合社会发展的实际情况，使劳动者的各种劳动要素都能够得到合理的回报。

（3）社会主义阶段仍存在收入差距。分配方式受生产方式和生产关系的影响，即便是在共产主义社会的初级阶段，劳动者个体自身也会存在差异，体力劳动与脑力劳动也会存在差异，这就会导致个人收入水平存在差异。马克思认为，劳动者在创造价值的同时，也要为建设社会保障、提供社会福利做出贡献。比如公共设施与公共物品的建设、弱势群体救济金等，这些费用都需要从劳动者部分所得中扣除，在一定程度上必然使得依靠劳动获取报酬的个体与依靠政府救济的个体收入水平不均衡。这在社会主义阶段是不可避免的现象。由此可以说明，在社会主义"按劳分配"阶段仍然存在难以控制的收入差距，个人收入分配是否公平，不在于是否存在差距，而在于收入分配公平原则下的收入差距是否合理合法、是否符合民生发展。要实现真正意义上的个人收入分配公平，就必须消灭私有制和阶级，通过发展社会生产力，逐步向"各取所需，按需分配"目标的共产主义阶段迈进。

2. 西方经济学家关于个人收入分配公平性理论

西方经济学家们总结在市场经济条件下最具有代表性的当代国民收入分配理论，是功能性与规模性收入分配理论。西方经济学认为，功能性收入分

---

① 《马克思恩格斯选集》第3卷，人民出版社1995年版，第302页。

② 张文杰：《马克思恩格斯平等公正思想及其当代价值》，载《人民论坛》2019年第14期，第44~45页。

③ 邹升平、梁嘉蔚：《马克思按劳分配理论的三重贡献及当代价值》，载《经济纵横》2021年第4期，第8~14页。

配指根据投入的生产要素来获得收入，侧重在工资、地租、利润之间的国民收入分配；而规模性收入分配是从微观角度研究不同个体最终得到的收入水平与收入情况，重点关注不同个体的相对收入份额，也被称为个人收入分配（程恩富等，2011）[1]。规模性收入分配与人们的生活水平相关联，更加侧重于分析社会的最终分配，具有重要意义。它不区分个人收入的来源和性质，只将收入总量由低到高排序来分析不同个体的收入所得与影响个人收入分配结构的相关因素，它关注个体的最终可支配收入以及穷人与富人之间的收入分配均衡性，以寻求可以达到某种程度上收入"均等"的条件。在规模性收入分配中，可以采取泰尔指数、分位数、基尼系数等各种度量指标对不同个体收入分配差异情况进行研究，随着生活水平的提高以及对社会公平正义的追求，规模性收入分配越来越得到重视（胡怀国，2013）[2]。

（三）新时代个人收入分配公平的重要意义

1. 为实现共同富裕提供理论基础与实践途径

（1）为实现共同富裕奠定理论基础。共同富裕与个人收入分配关系密切。从生产关系的角度看，共同富裕要求在生产力水平提高、社会物质产品丰富的前提下，全体社会成员共同占有社会发展成果，把"蛋糕"做大的同时把"蛋糕"切好、分好（方宁，2022）[3]。因为创造财富的最终目的是实现共同富裕，而不是少数人的过度财富积累。要达到共同富裕的基本前提，就要协调好效率与公平的关系，确保个人收入分配相对公平。新时代要求以人民为中心，以共同富裕为目标，优化收入分配体系（罗娟、彭伟辉，2022）[4]。一方面，体现了为人民谋求美好生活的发展要求；另一方面，也体现着人民是历史的参与者与创造者的基本原理。因而，个人收入分配公平的实现，不仅要体现发展与共享的辩证统一，也要体现我们国家以人民为中心的价值追求。

（2）为实现共同富裕提供实践途径。马克思认为，每一位社会成员都应是平等的，平等地付出劳动，平等地参与收入分配，因此，共同富裕必须落实在民生基础之上。共同富裕的目标是让全体社会成员可以在更加公平正义的社会环境下共享社会财富。合理的收入分配体系与格局是实现共同富裕的重要手段，新发展格局下解决个人收入分配公平性缺失的问题更加迫切，这

---

　　① 程恩富、胡靖春、侯和宏：《论政府在功能收入分配和规模收入分配中的作用》，载《马克思主义研究》2011 年第 6 期，第 51～61 页。

　　② 胡怀国：《功能性收入分配与规模性收入分配：一种解说》，载《经济学动态》2013 年第 8 期，第 137～153 页。

　　③ 方宁：《新时代中国共产党共同富裕思想的发展与实践研究》，载《南京审计大学学报》2022 年第 1 期，第 8～17 页。

　　④ 罗娟、彭伟辉：《共同富裕目标下我国收入分配结构优化路径》，载《经济体制改革》2022 年第 1 期，第 35～42 页。

就要求建立合理有效的分配机制，使全体社会成员都能够从劳动中获得合理报酬，推动低收入阶层向中等收入阶层过渡。为此，必须在初次分配阶段充分发挥市场功能，在再分配阶段完善税收、转移支付与社会保障体系，再通过第三次分配鼓励财富捐赠等手段调节收入分配，以此构建起公平的收入分配体系与格局，最终实现个人收入分配相对公平，为人民打造一个公平公正的社会氛围，这就为最终实现共同富裕提供了切实有效的实现途径。

为有效推动共同富裕的实现，我国选取基础较好、发展均衡的浙江省作为共同富裕示范区，对浙江示范区收入分配制度进行深化改革。通过持续推进高质量就业、完善分配制度、建立激励机制等手段，不断提高居民收入水平，进一步扩大中等收入群体，从而缩小城乡地区发展差距与不同阶层之间的收入分配差距。在浙江率先建立起实现共同富裕的发展体系，为全国其他各地推进共同富裕工作积累宝贵的经验，在全国范围内提供省域示范案例。建立共同富裕先行示范区，使得共同富裕的理念内涵更加丰富，同时也是通过实践探索来实现理论创新。

2. 强调只有劳动者才是财富的所有者

人类的劳动实际上是价值转化、增值、循环过程，而人是通过劳动创造价值的主体，大多数劳动者才是财富的所有者。庸俗经济学派代表人物萨伊提出劳动、资本和土地共同创造价值的观点，认为工资、利润和地租是工人、资本家和土地所有者理应获得的收入。马克思主义经济学认为，这仅仅只是收入分配的表面现象，资本家和土地所有者事实上是通过剥削劳动者剩余价值来进行财富分配的。马克思对庸俗经济学的错误观点进行了批判，并提出在资本主义社会，利润、地租等都是产业资本家通过剥削得来的剩余价值，工资、利润和地租等收入形式唯一共同的源泉是工人在劳动中创造的价值。因此在个人收入分配中，劳动者才是第一位的，每一位劳动者都应得到相应的劳动报酬，社会财富应由全体社会成员共享，但是在多种经济成分共同发展的现阶段，我们还很难充分做到这一步（李淑梅，2021）①。

3. 增强收入分配公平正义的价值导向功能

公平正义体现整个社会的公平发展，是社会主义建设的重要目标，党和国家对个人收入分配公平正义的认识不断加深。党的十八大报告提出推进社会公平正义制度的建设，营造公平竞争的良好社会环境，于是分配的"公平正义"越来越受到重视，维护社会公平、促进共同富裕越来越成为人们的共同诉求（刘文勇，2021）②。党的十九大报告提出关注民生，在教育、医疗、养老、保障等各方面促进公平正义；党的十九届六中全会也强调注重改善民

①　李淑梅：《马克思对"三位一体"公式的批判与自由的价值指向》，载《社会科学辑刊》2021 年第 5 期，第 5～11 页。

②　刘文勇：《社会主义收入分配的思想演进与制度变迁研究》，载《上海经济研究》2021 年第 1 期，第 42～55 页。

生，保障人民生活。党和国家一直追求实现社会公平正义，最直接有效的方法就是让全体社会成员共同享有改革与发展的成果，在分配制度中凸显公平正义。但是，当前我国的贫富差距还比较明显，严重阻碍了社会公平正义的发展进程。为此需要在收入分配领域增强公平正义的价值导向功能，通过初次分配、二次分配和第三次分配的制度建设与政策调整，切实解决收入分配公平性缺失的问题。

二、与共同富裕目标相悖的个人收入分配现状分析

个人收入分配公平是指人们的收入所得符合其提供的劳动或要素禀赋，并且与他人相比的客观收入差距符合共同富裕的相对公平性要求。因而，通过对比不同个体之间的收入差距能更好地反映当前收入分配的公平性程度。

衡量一个国家个人收入分配公平性程度，有洛伦兹曲线、库兹涅茨比率、泰尔指数、基尼系数等，而当今国际上比较通用的标准是基尼系数。基尼系数低于 0.2 表示收入高度平均，0.2 ~ 0.3 表示比较平均，0.3 ~ 0.4 表示相对合理，0.4 ~ 0.5 表明收入差距较大，0.5 以上则说明两极分化极为严重，有可能会引起社会动荡。

当前我国收入分配领域矛盾持续凸显，全国居民现存收入差距始终维持高位。近几年我国居民收入基尼系数一直处于 0.46 左右，并长期高于 0.4 的国际警戒线，2020 年基尼系数已经达到 0.468[①]，离收入分配公平的标准相差甚远。这一数据说明尽管当前我国居民收入水平总体呈现增长趋势，但个人收入分配仍然存在极为明显的不公平现象。我国一直追求中等收入人群更多、低收入与高收入人群较少的"橄榄型"收入分配结构，但是目前低收入人群占总人口比重超过 70%，而中等收入人群只占总人口的 27% 左右[②]，呈现"金字塔型"的收入分配结构。这与"橄榄型"结构相悖，在一定程度上影响了社会的健康发展与公平正义，不利于共同富裕的实现。为更直观地反映当前收入分配现状，从城乡、地区、行业以及劳动者报酬四个方面分析当前个人收入分配公平性缺失现象。

（一）城乡间居民收入公平性分析

我国已经取得了消除绝对贫困、全面建成小康社会的伟大历史成就，居民生活水平、收入水平逐步得到改善，但是城乡之间的居民收入依旧存在较

[①]　资料来源：国家统计局年度数据（2020 年）。
[②]　资料来源：国家发展和改革委员会：《完善收入分配制度　推动形成橄榄型分配结构》，2022 年 2 月 23 日。

为显著的差距。如图 1 所示，我国城乡居民收入水平逐年增长，截至 2020 年底分别已达 43833.8 元、17131.5 元，但农村居民人均可支配收入仅有城镇居民的 39.08%。即便农村居民收入增速已经高于城镇居民，城乡间收入差额依旧十分明显，城镇居民收入水平远远超过农村居民。

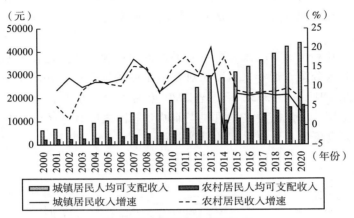

图 1   城乡居民收入增速比较

资料来源：根据《中国统计年鉴（2021）》数据整理而成。

将居民人均可支配收入按五等份分组，如图 2 所示，2020 年在 20% 低收入人群中全国居民收入为 7868.8 元，城镇居民为 15597.7 元，而农村居民只有 4681.5 元，仅占城镇居民的 30.01%；20% 高收入人群中全国居民收入为 80293.8 元，城镇居民为 96061.6 元，农村居民只有 38520.3 元，仅占城镇居民的 40.10%。

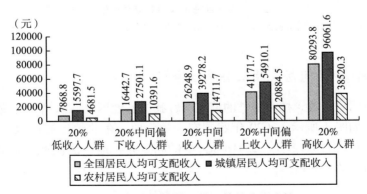

图 2   2020 年居民收入按五等份分组比较

资料来源：根据《中国统计年鉴（2021 年）》数据整理而成。

同时，高收入人群与低收入人群之间也存在显著的收入分配不均衡现象。将高收入人群与低收入人群相比较，结果显示，全国居民中收入最高的 20% 人群的收入是最低 20% 人群的 10.21 倍，在城镇居民中是 6.16 倍，农村居民中是 8.23 倍；而城镇中收入最高的 20% 人群的收入是农村最低 20% 人群的 20.52 倍。据统计，截至 2021 年 1 月 1 日，中国富裕家庭所拥有的总财富达 160 万亿元，相当于中国全年 GDP 总量的 1.6 倍，其中财富达 600 万元的富裕家庭有 508 万户，达亿元的超高净值家庭有 13.3 万户①，差距之大显而易见。

得益于党和国家对收入分配不公平现象的重视，我国正在不断改善城乡间的居民收入分配，近年来城乡相对差距正在缓慢缩小。如图 3 所示，收入差距指数从 2013 年的 3.32 降低至 2020 年的 2.56。但是，为了实现全体公民的共同富裕，仍然需要高度重视当前城乡居民之间存在的绝对收入差距问题，尤其是高低收入人群之间的显著差距。

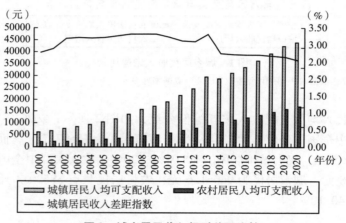

图 3　城乡居民收入相对差距比较

资料来源：根据《中国统计年鉴（2021 年）》数据整理而成。

（二）地区间居民收入公平性分析

在全国居民收入持续增长的情况下，我国各地区的收入增长呈现明显的不均衡，如图 4 所示。2020 年我国东、中、西、东北地区居民收入分别为 41239.7 元、27152.4 元、25416 元、28266.2 元，地区之间收入相差巨大，东部是西部的 1.6 倍多。

---

① 资料来源：胡润研究院：《2021 意才·胡润财富报告》。

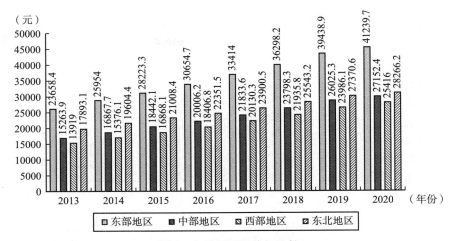

图4　各地区居民收入比较

资料来源：根据《中国统计年鉴（2021 年）》数据整理而成。

　　总体来看，各地区居民人均可支配收入都呈现增长趋势。但是，东部地区与其他三区相比稳居高位，东西两地差距极其明显。尽管国家通过"西部大开发战略"推动了西部地区经济的较快发展，如图 5 所示，党的十八大以来西部地区收入增速明显高于其他三个地区，但由于资源禀赋与历史积累的原因，从绝对量上看居民收入差距仍比较大。

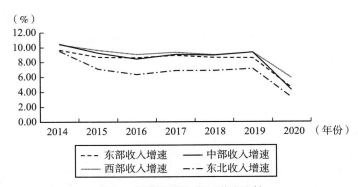

图5　各地区居民收入增速比较

资料来源：根据《中国统计年鉴（2021 年）》数据整理而成。

　　各省级行政区之间也存在着较大的收入分配不公平现象。如图 6 所示，各省份之间的收入分配极其不均衡，2020 年全国居民人均可支配收入为32188.8 元，其中收入最高的上海市居民收入为 72232.4 元，是全国居民收入的 2.24 倍，收入最低的甘肃省居民收入只有 20335.1 元，仅占全国居民收入的 63.18%。此外，超过 2/3 的省级行政区人均可支配收入都低于全国居民人均可支配收入。

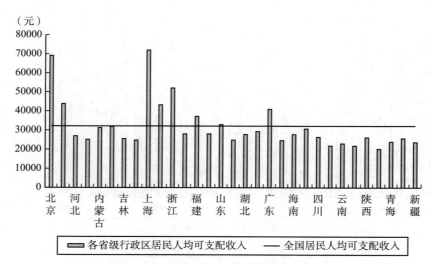

图6　2020年各省级行政区居民收入比较

资料来源：根据《中国统计年鉴（2021年）》数据整理而成。

（三）行业间就业人员收入公平性分析

当前我国不同行业间存在严重的收入差距，这也是我国个人收入分配不公的重要表现之一。不同行业工资水平差距显著。如图7所示，2020年城镇非私营单位就业人员平均工资为97379元，排名前五的行业平均工资分别是全行业平均工资的1.82倍、1.44倍、1.37倍、1.20倍、1.19倍，排名后五的行业平均工资只有全行业平均工资的0.72倍、0.66倍、0.62倍、0.501倍、0.498倍，其中最高收入行业的平均工资是最低收入行业的3.66倍，由此可以看出行业之间的收入不均衡性明显。

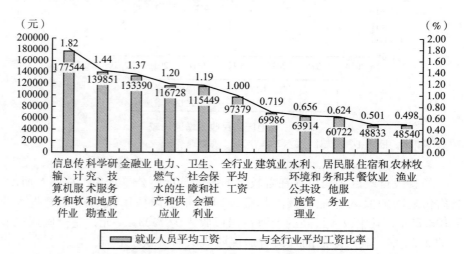

图7　2020年城镇非私营单位平均工资前五和后五的行业收入比较

资料来源：根据《中国统计年鉴（2021年）》数据整理而成。

　　劳动者的劳动能力影响着其获得收入的多少，劳动能力强的人会获得更高的劳动报酬，教育、技术等资本的加持也会增强劳动者获取报酬的能力。从事信息技术、金融等脑力劳动会比从事农林牧渔等体力劳动获得更多报酬。此外所处行业的性质也会影响劳动者的收入水平，比如部分行业具有垄断性质，从事这部分行业的劳动者收入会高于其他行业，不合理的行业垄断严重影响着就业人员的收入公平分配。

　　此外，根据中国统计年鉴选取 2011～2020 年按行业分国有、集体（集体所有制企业）、私营、其他单位职工平均工资，如图 8 所示，职工平均工资最高的是国有单位，2020 年达到 108132 元，而最低的是私营单位，其平均工资仅有国有单位的一半多。私营单位普遍存在资本家欺压劳动力的行为，尤其是民营企业经常通过使用劳务工、临时工来降低人力雇佣成本，职工社保缺缴、员工工资拖欠事件时有发生。

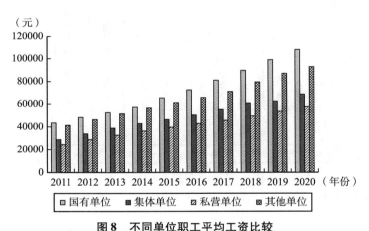

图 8　不同单位职工平均工资比较

资料来源：根据《中国统计年鉴（2021 年）》数据整理而成。

（四）劳动者报酬公平性分析

　　劳动者报酬公平主要体现在居民劳动者报酬占 GDP 的比重上。我国 GDP 按照收入法计算，包括劳动者报酬、生产税净额、固定资产折旧与营业盈。随着 GDP 的逐年增长，劳动者报酬占比却呈现极不稳定的变动趋势。我国居民劳动报酬占 GDP 的比重，在 1983 年达到 56.5% 的峰值后就持续下降，从 1995 年的 51.4% 的下降至 2003 年的 46.2%，且在 2004 年加速下降至 41.6%，2005 年已经下降到 36.7%[①]。22 年间下降了近 20 个百分点。与

---

　　① 资料来源：中国网络电视台经济台《数据显示中国劳动者报酬占 GDP 比例连降 22 年》2010 年 5 月 12 日 http://jingji.cntv.cn/20100512/100990.shtml。笔者对官方公布的劳动者报酬数据作了一定的调整。

劳动报酬比重的持续下降形成鲜明对比的，是资本报酬占 GDP 的比重上升了 20 个百分点（罗长远、张军，2009；张车伟、张士斌，2010）①②。2006年我国劳动者报酬占 GDP 的比重为 48.56%，此后几年仍持续下降，并且一直都维持在 50% 以下低水平状态。直到 2012 年形势开始有所转变，此后几年劳动者报酬占比开始上升，2019 年我国劳动者报酬占 GDP 比重达到52.13%，具体如图 9 所示。这说明党的十八大以来，我国劳动者收入趋势向好。可见，国家对 GDP 蛋糕的分配，在逐步增加劳动者所得份额，同时减少了企业和国家的所得份额。

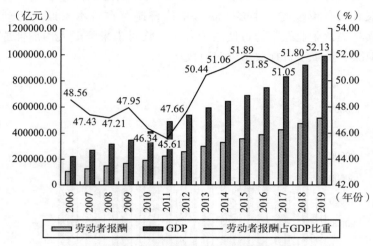

图 9　劳动者报酬占 GDP 比重

资料来源：根据国家统计局年度数据（2006～2019 年）整理而成。

三、个人收入分配公平性缺失原因探析

对城乡、不同地区、不同行业以及劳动者报酬公平性的分析表明，导致个人收入分配公平性缺失的主要原因可以归纳为资源禀赋差异、劳资地位不平等、微观经济主体差异、宏观分配机制存在较大缺陷四个方面。

（一）资源禀赋差异导致收入分配不公

1. 区域间资源禀赋差异导致收入分配不公

我国各地区地理差异明显，自然资源、环境、历史发展等条件差异都会

---

① 罗长远、张军：《经济发展中的劳动收入占比：基于中国产业数据的实证研究》，载《中国社会科学》2009 年第 4 期，第 65～79、206 页。

② 张车伟、张士斌：《中国初次收入分配格局的变动与问题——以劳动报酬 GDP 份额为视角》，载《中国人口科学》2010 年第 5 期，第 24～35、111 页。

导致城乡、地区间个人收入分配不公，造成贫富差距（薛梅，2021）[①]。各地区所拥有的劳动力、土地、资本、技术等资源禀赋存在差距，必然会产生收入分配的不均衡。东部地区资源比较充足，加之前期宏观政策的倾斜也使得东部地区的资源优势得以充分发挥；中西部地区资源相对稀缺，尽管国家出台了"西部大开发""中部崛起""振兴东北老工业基地"等政策与战略，各地区经济水平均有所提高，但是东中西部及东北地区之间的差距依然悬殊。根据 2020 年全国普通高等学校（机构）统计数据，西藏仅有 7 所，青海 12 所，而广东、江苏、湖南等地区学校均超过百所[②]。加之我国偏远尤其是农村地区本就处于经济弱势地位，前期的分配制度与城乡二元结构导致个人收入分配公平性缺失的问题难以在短期内得到改善（詹静楠、吕冰洋，2022）[③]，需要多方协同、长期布局。区域间由于要素、资源与环境因素导致收入分配不公无疑为共同富裕的实现增加了负担，党和国家需结合各地区发展实际，有效调节资源配置，让各地区人民实现参与收入分配的过程、结果公平。

2. 劳动者资源禀赋差异导致收入分配不公

对于劳动者而言，收入分配取决于生产要素与市场供求关系，劳动者拥有生产要素的多少会影响其获得收入的多少（罗娟、彭伟辉，2022）[④]。受经济发展水平及教育等资源差异的影响，不同劳动者的知识技能水平会有差别，所拥有的资源禀赋也是存在差异的。他们拥有的生产要素必然会存在质量或数量上的差异，拥有更多生产要素的劳动者明显比缺少或不具备这些要素的劳动者获得更多的报酬，收入分配的公平程度也会受到影响，客观上会导致富裕程度的不同。另外，收入较高的人逐步将收入积累为财富，不同个体之间的收入分配不均衡也转向为财富分配的不均衡，占有财富越多的人将财富作为资本投入市场，不断增加自身的财富积累，这也必然会挤压其他人群的收入，个人收入分配也愈加不公。

（二）劳资双方地位不平等导致收入分配不公

1. 劳动者权益得不到有效保障导致收入分配不公

劳动者权益得不到有效保障，主要体现在国民生产总值中的居民劳动报酬比重较低。由图 9 可知，GDP 逐年增长的同时，劳动者报酬占比却一直在

---

① 薛梅：《马克思公正思想下我国个人收入分配改革探析》，载《经济研究导刊》2021 年第 7 期，第 5~8 页。

② 资料来源：《中国统计年鉴（2021）》。

③ 詹静楠、吕冰洋：《财政与共同富裕——多维分配视角下的分析》，载《财政研究》2022 年第 1 期，第 47~59 页。

④ 罗娟、彭伟辉：《共同富裕目标下我国收入分配结构优化路径》，载《经济体制改革》2022 年第 1 期，第 35~42 页。

波动，说明我国居民的劳动收入跟不上 GDP 发展的步伐，贫富差距也因此而逐渐拉大，甚至会形成恶性循环。目前还存在一种资本支配劳动力的现象，如"996""007"、义务加班、试用期辞退等。我国劳动者特别是底层劳动者收入水平低，2021 年底我国农民工总人数为 29251 万人，人均月收入仅有 4432 元，参与工伤保险的农民工人数仅有 9086 万人①，也就是说将近 70% 的农民工在发生工伤事故或患职业疾病时得不到赔偿和保障。微薄的工资收入难以维持生活，劳动者不得不接受加班等无理要求。我国保护劳动者权益的相关法律制度并不完善，不少企业会通过打政策的"擦边球"剥削占有劳动者的劳动所得，劳动合同形同虚设、拖欠克扣员工工资、劳动保护投入不足等都导致劳动者的收入与贡献不对等。2021 年立案受理劳动人事争议案件共 125.2 万件，依法责令用人单位追发劳动者工资等待遇金额高达 79.9 亿元②。劳动者维权道路艰难且成本高昂。

2. 劳动力市场供求不平衡导致收入分配不公

当资本力量越庞大，劳动者的队伍也会逐渐壮大，但就业岗位是有限的，劳动力在市场供求中呈现出总体供过于求、有效供给不足的现象：农村劳动力过剩，文化水平低、技能单一的劳动者被市场淘汰；基层技术人才的需求量增大，但职业技能人才缺乏。2021 年我国就业困难人数达 183 万人，城镇登记失业率为 3.96%③，就业岗位缺乏使得行业竞争激烈，劳动者会被迫接受资本家提出的各种不平等要求以获取就业岗位。在竞争激烈的就业环境下，劳动者很难与资本家建立平等契约关系，在就业、劳动保护、收入分配等方面缺少话语权，不得不在薪酬、福利等方面降低要求，资本力量不断增强，劳动者弱势地位更加突出。科学技术的发展使得我国对技能技术人才需求不断增加，当前劳动力市场呈现白领低薪"挤破头"、蓝领高薪无人问津的现象。为此，我国新修订的《职业教育法》提出，要推进职业教育与普通教育协调发展，培养更多高素质技能型人才。但当前社会公众对职业教育仍存在较大误解，对其重要性认识不足，职业岗位劳动强度大收入低也影响劳动者的职业选择。

（三）微观经济主体差异形成收入分配不公

我国社会主义初级阶段已经明确以公有制为主体、多种所有制经济共同发展的基本经济制度。但是，由于微观经济主体必然存在多方面的差异，因此多种经济成分并存也是收入分配不公平的重要原因之一。

1. 多种经济成分并存引致收入分配不公

微观经济主体对个人收入分配公平性的影响，在公有制经济与非公有制

---

①② 资料来源：国家统计局年度统计公报（2021 年）。

③ 资料来源：2021 年人力资源和社会保障统计快报数据。

经济两大类的差别比较明显。在公有制经济体中，股份制改制后，由于董事会可以自主决定其内部分配制度，不少国有企业内部存在高额年薪，内部分配结果的差距较大，分配制度的公平程度大大受损。在非公有制经济体中，由于其经营理念服从于资本获利最大化原则，客观上存在着不同程度的资本剥削劳动状况，因而劳动者与资本所有者的实际所得往往存在较大差距。一方面，由于劳动者的收入取决于企业的经营收益，而企业的命运又受制于市场，市场不正当竞争与垄断的存在又反过来加剧就业人员收入的高低不一（程恩富、张福军，2020）[①]；另一方面，民营资本的无序扩张也导致了收入分配的不公平，甚至有些民营企业凭借资本优势采用低价收购淘汰竞争对手，从而实现财富和资本的快速积累（闫境华、石先梅，2021）[②]。

2. 部分行业垄断形成高额垄断收益

由于人力资本水平、劳动生产力水平、所属行业性质、收入分配方式等差异的客观存在，势必造成行业间的收入分配不公平，尤其是部分垄断行业的存在更容易加剧收入分配不均衡。2021 年，我国反垄断执法机构就查处各类垄断案件 175 件，罚没金额高达 235.92 亿元[③]。尽管在当今条件下关乎国计民生的垄断有其存在的合理性，但是如果采取不正当竞争手段形成垄断则是对市场竞争秩序和收入分配公平性的破坏。例如，部分企业利用行政权力人为制造市场障碍破坏市场竞争秩序，形成行政性垄断来谋取超额利润，以致加重了分配的不公平。对资本市场监管不严也导致一些资本无序扩张形成垄断，例如互联网资本巨头凭借其雄厚的资本力量，通过大量投资对初创平台和新兴企业实施大规模并购，借此手段兼并或打垮竞争对手，以维持自身的优势地位。这种资本的无序扩张严重打击中小企业的积极性，使得普通员工与企业高管、资本所有者之间的收入差距越来越大，收入分配不公平现象愈加严重。可见，资本一旦无序扩张就很容易形成恶性垄断，很容易加大收入分配的差距，造成少数人财富的增长，这与我国的收入分配原则是相悖的，也不利于实现社会公平正义。

（四）宏观分配机制存在较大缺陷导致收入分配不公

1. 初次分配比例不合理导致收入分配不公

在企业初次分配中，劳动者报酬是居民主要收入来源，也是企业的主要支出。劳动者报酬的波动变化与企业收入是"此消彼长"的关系。我国劳动者报酬占比从 1983 年的 56.5% 到 2005 年急剧下降为 36.7%，下降了近 20

---

① 程恩富、张福军：《要注重研究社会主义基本经济制度》，载《上海经济研究》2020 年第 10 期，第 17～23 页。

② 闫境华、石先梅：《数字经济时代竞争与垄断的政治经济学分析》，载《经济纵横》2021 年第 3 期，第 18～26 页。

③ 资料来源：市场监管总局《中国反垄断执法年度报告（2021）》。

个百分点。与此同时无疑是企业收入占比大幅度上升。尽管我国近几年劳动者报酬占比有所回升（2019 年达 52.13%），但与目前多数国家劳动者报酬占 55%~65% 的水平相比，我国劳动者所占份额仍然偏低。

我国的初次分配主要是由市场按照效率原则进行的分配。由于劳动者地位低下、行业薪酬监管不足、劳资关系不平衡、城乡二元结构等因素，在初次分配过程中加剧了个人收入分配的不公平。首先，高收入人群的存在导致初次分配制度有悖于"共同富裕"要求。一方面，对高管人员薪酬分配管理不严和对影视演员薪酬监管不到位等使得股份制公司高管巨额年薪、明星演员"天价片酬"等现象屡见不鲜；另一方面，由于对垄断行业的管制乏力，部分垄断行业通过提高要素价格或破坏市场竞争原则而攫取高额利润。其次，在有些民营企业中由于劳资双方地位的显著差异而导致劳资分配比例严重失衡。资本所有者无偿占有劳动者创造的剩余价值而获取更多收益和财富，而劳动者由于地位低下而只能获取微薄的工资报酬，从而进一步加剧收入分配的不公平程度。最后，我国城乡二元结构在一定程度上固化了收入分配的不合理性结构，阻碍着技术、资金、资本等生产要素的交流，造成城乡、工农、干群之间的收入结构性分配不公平。

我国目前收入分配结构的失衡，是导致分配不公平的重要原因。这种分配格局已经深深植根于中国的经济发展模式和内在体制，折射出中国经济发展的阶段性特征，如果完全市场机制调节，不但在短期内无法扭转这种趋势，反而有可能使这种不合理趋势进一步恶化，这实际上也表现出市场的"失败"（冯志轩，2012）[1]。市场的"失败"将使社会财富不断向少部分富人集中，从而进一步加剧收入与财富的两极分化，导致富者愈富、穷者愈穷的马太效应，形成对劳动者越来越不利的恶性循环（钱诚，2021）[2]。

2. 再分配职能发挥不充分导致收入分配不公

我国的再分配是政府按照兼顾公平与效率、侧重公平的原则，主要采用税收与社会保障手段进行的分配。再分配过程中税收制度与社会保障体系的不完善影响了收入分配的公平性。

首先，从个人所得税看，目前我国税收制度中还存在逆向调节现象。我国个人所得税大部分都来源于工薪阶层，个税起征点为 5000 元，实行超额累进税率，总体税负偏高。2017 年我国个人所得税收入为 11966 亿元，其中工资薪金所得占比 66.65%，而个体工商户生产经营所得和企事业单位承包承租经营所得仅占 4.7% 和 1.46%[3]。当前国家也在采取措施对个人所得税

① 冯志轩：《国民收入中劳动报酬占比测算理论基础和方法的讨论——基于马克思主义经济学的方法》，载《经济学家》2012 年第 3 期，第 5~13 页。

② 钱诚：《以实现共同富裕为目标加快我国收入分配改革》，载《重庆理工大学学报（社会科学）》2021 年第 11 期，第 11~19 页。

③ 资料来源：《中国税务年鉴数据（2018 年）》。

进行减税降费以减轻纳税人负担，但短期内较难改变现状。

其次，从税收结构看，目前我国的间接税占比高于直接税，缺少对遗产税、馈赠税等财富转移的税种立法，导致高收入人群财富资产暴涨。中国科学院张捷更是直接提出，"我国目前富人数量快速增加，是因为在再分配中存在财税制度不完善的缺陷，我国并没有充分发挥税收中"财产税"功能，没有对富人征收高额累进的财产税，富人巨额财富的分配权是完全交由富人行使的，这就导致我国亿万富翁数量不断增加"[①]。针对这一问题，欧美国家则是直接通过征收 50% 的遗产税与馈赠税来调节对富裕人群的收入分配。此外，复杂的税收流程也增加了高收入人群避税的可能性，我国有部分富人还会通过"避税天堂"避税，即将公司注册到开曼群岛等税负低的地方。税收机制的不合理、税收监管不到位降低了再分配的效果，影视演员、网红明星偷税漏税事件屡见不鲜且日益严重，偷逃税金额高达上千万甚至上亿元，导致我国收入再分配的调节力度有限。

最后，从社会保障体系在收入分配中的作用来看，还没有最大限度发挥其作用。社保覆盖范围不足是造成收入分配不公平的重要原因之一。第七次全国人口普查数据显示，我国总人口为 144349.7378 万人[②]，但是截至 2021 年底，我国仅有 102872 万人参加基本养老保险，136424 万人参加基本医疗保险[③]。主要社会保障内容的全民覆盖目标还没有实现，养老和医疗的双规制和多轨制所表现的不公平尤为突出，针对儿童、老年人、下岗工人等弱势群体的救助补贴力度不足，对于农民工群体的子女教育等服务也不完善。需要特别关注的是，20 世纪 90 年代的下岗潮导致几千万职工下岗失业，目前国家对他们的补贴（退休金）过低，只能维持自身的基本生存；截至 2021 年底，我国仅有 801 个儿童福利和救助保护机构及 9.6 万张床位；全国仅有 4 万个养老机构及 813.5 万张床位[④]。诸如此类的社会保障项目供不应求，集中表现为再就业、子女教育、医疗养老、住房四大难题，是造成收入分配不公平的重要原因之一。

3. 第三次分配制度缺位导致收入分配不公

由于第一次分配中劳资分配比例失衡导致劳动者收入低，第二次分配中缺少遗产税、馈赠税等税种导致富豪资产暴涨。针对第一次、第二次分配导致的收入分配不公，我国政府提出了通过"第三次分配"来调节收入分配的大思路。根据部分学者给出的解释，"第三次分配"主要是通过道德力量大力发展慈善捐赠等社会互助形式，是对政府调控进行补充的分配机制（蓝煜

---

① 资料来源：微信公众号"张捷财经观察"：《房产税与富人区的故事》，2022 年 9 月 25 日。

② 资料来源：国家统计局第七次全国人口普查公报（第二号）。

③④ 资料来源：国家统计局年度统计公报（2021 年）。

昕、何立晗，2022；杨葳，2022 等)①②。还有的学者认为，第三产业中的劳动者通过提供服务获取的收入，实际上也成为第三次分配的重要组成部分，其中一部分收入成为服务提供者的劳务费用，另一部分成为服务单位的提留基金和上缴税金（何阳、娄成武，2022；吴磊，2022；邱子键，2022等)③④⑤。综上所述，第三次分配是对社会主体在第一次、第二次分配获得的部分收入所进行的再次分配，是社会资源与财富在社会成员中的再次转移，主要包括慈善捐赠与服务报酬等形式。

当前，我国第三次分配的社会基础薄弱，慈善文化尚未在收入分配中充分体现，慈善的信用度并不高；另外我国的慈善捐赠缺乏主动性，企业和个人的慈善意识相对薄弱，自身的局限性与不稳定性使社会公众对慈善捐赠行为仍心存质疑；我国慈善事业机制不健全，监管缺位，很容易导致慈善成为表面公益实则敛财的工具，许多众筹平台门槛过低导致各类诈捐行为，大病救助平台成为商家获取流量和巨额融资的手段，慈善成为不良商家的变现利器。据统计，截至 2020 年我国共有经常性社会捐赠工作站、点和慈善超市1.5 万个（其中：慈善超市 4655 个），基金会中仅有 25.33% 具有公开募捐资格，社会组织捐赠收入 1059.1 亿元，仅占我国 GDP 的 1.04‰⑥。所以，应尽快建立起透明有效的慈善捐赠机制，扩大慈善事业规模，才能有效发挥慈善捐赠促进财富均衡流动的作用。

第三产业的收入分配是第三次分配的重要部分，随着第三产业的不断升级，其发展潜力不断被释放，逐渐成为吸纳劳动力的主要产业。据统计，2020 年我国第三产业占国内生产总值比重为 54.5%，2001～2020 年平均增长速度为 9.4%，在就业人员中第三产业占比为 47.7%⑦。但当前第三产业的就业结构滞后于产业结构，就业人数上偏重于传统第三产业，出现劳动力过剩的现象，而当代第三产业尤其是新兴服务业发展不足，使得具有高附加值的行业难以占有重要地位，无疑会降低一般劳动者创办第三产业的积极性。新兴的科研行业本来对提高生产效率、吸纳就业人员有重要作用，但是由于新兴技术及相关制度落后，尤其是关键核心技术研发能力不足，同样也

　　① 蓝煜昕、何立晗：《第三次分配背景下慈善资源的分配有效性：框架与机制》，载《行政管理改革》2022 年第 5 期，第 83～92 页。

　　② 杨葳：《企业慈善行为、第三次分配与共同富裕》，载《社会科学战线》2022 年第 5 期，第275～280 页。

　　③ 何阳、娄成武：《面向共同富裕的第三次分配：机理、条件及路径》，载《青海社会科学》2022 年第 1 期，第 139～146 页。

　　④ 吴磊：《数字化赋能第三次分配：应用逻辑、议题界定与优化机制》，载《社会科学》2022年第 8 期，第 146～155 页。

　　⑤ 邱子键：《第三次分配：困境、完善与实现——基于企业社会责任的重构》，载《当代经济管理》2022 年第 9 期，第 23～29 页。

　　⑥ 资料来源：2020 年民政事业发展统计公报（民政部发布）。

　　⑦ 资料来源：《中国统计年鉴（2021 年）》。

降低了现代第三产业对劳动力的吸纳力与竞争力。2021 年全年研究与试验发展（R&D）经费支出仅占国内生产总值的 2.44%①。现代服务业专业人才不足，高科技人才缺乏，在一定程度上也限制了第三产业的发展与带动就业作用，不利于高效、合理、公平地进行第三产业的收入分配。

四、共同富裕目标下实现个人收入分配公平的对策建议

（一）在初次分配中重视起点、过程、结果公平

1. 合理配置资源，适度政策倾斜，保障起点公平

首先，需要加大对经济落后地区与弱质产业的政策倾斜力度，结合当地的实际发展状况，因地制宜、因地施策。充分利用现有资源并将其转化为经济优势，引导资本投资矿产资源丰富的中西部地区，加大对农业等弱质产业的扶持力度，积极探索新型农业经营方式。

其次，要加大对中西部地区尤其是粮油生产大省（区）的教育投入。改善中西部地区教育条件，培养优质教师队伍，提高基层教师的待遇。改变传统落后教育观念，将素质教育、劳动教育、技能教育作为教育重点，采取学费减免、教育补贴的手段减轻家庭负担。同时要继续开展"西部计划"与"三支一扶"，鼓励大学毕业生参与志愿服务工作，国家应适当提高补贴、经费额度，放宽从事志愿服务的大学毕业生再就业政策。

再次，要加大职业技能人才培养力度，解决就业结构性矛盾。完善职业技能人才就业支持体系，鼓励企业与职业学校合作，将职业教育与产业优化升级相融合，按需设置专业与教学，为职业学校毕业生提供就业岗位。建立现代职业教育体系，结合当地发展水平稳步推进职业技能教育与培训工作。同时要加强宣传，转变社会对职业教育的传统观念，建立完善的职业教育与社会评价体系，增强社会群体对职业教育重要性的认识。

最后，优化劳动者的就业环境，保障就业权利平等。以市场需求为导向，形成市场导向就业体制，鼓励劳动者以创业带动就业。追求公共就业服务公平化，实现就业服务资源公平，对于存在性别、年龄、种族歧视等不尊重就业人员的行为给予严惩。完善就业困难援助机制，对于就业困难人员这一特殊群体，实行特殊就业扶持，做好就业人员登记、补贴、培训、再就业工作。

2. 健全科学规范的市场分配机制，保障过程公平

首先，做大做强做优国有企业的同时强化国有企业的收入分配机制建设。提高国有企业上缴利润比例，重视国有资本在教育、基础设施、战略产

---

① 资料来源：国家统计局年度统计公报（2021 年）。

业等领域的投入与利用率。实行责任工资制与计划工资制，将工资总额与职工贡献率挂钩评定报酬。此外要规范国有企业高层管理者的合理薪酬分配，重视管理人员与普通员工的工资差距，合理控制双方收入比例，规范隐性收入行为。

其次，加强非公有制企业收入分配监管，保障资本有序扩张。依靠法律手段加强监管，规范和引导资本健康发展，发挥资本的积极作用，对于实行资本垄断的企业，要继续完善反垄断法律法规体系，防止过度的资本化。引导非公有制企业严格执行最低工资制度并采取最高薪酬门槛控制收入分配不公，鼓励企业通过市场调查与征集职工意见的方式编制薪酬发放方案；对于影视等行业的高收入情况，提高影视演员学历进入门槛，根据成本降低薪酬比例。建立信息披露平台，鼓励企业主动披露资产收入与成本支出明细、薪酬管理方案等信息，引导社会舆论监督。

再次，加大对中小企业的保护力度，鼓励中小企业创新。出台资金扶持、税费减免、融资倾斜、贷款贴息等配套政策，提高中小企业的就业容量，对于在中小企业就业的高学历人才提供住房、生活补贴。鼓励中小企业创新，在物质和资源上支持中小企业为企业管理层提供专业培训，发挥中小企业促进社会发展的积极作用。

最后，健全职工服务类社会组织。依法推动工会、职业协会等职工服务类社会组织的建立，为这类组织提供项目指导与资金支持，加强宣传并通过发展会员的方式吸引劳动者加入。以劳动者需求为导向，创新服务工作机制，为企业员工提供技能培训、法律援助等服务，规范企业劳动用工管理。积极鼓励这类社会组织帮助下岗职工、就业困难人员重新就业，利用现有教育资源，对下岗职工、就业困难人员进行免费技能培训。

3. 提高劳动者的实际地位和收入水平，保障结果公平

首先，要强化劳动立法，确保劳动者的合法权益和主体地位。完善劳动合同法、劳动仲裁法等有关劳动者权益保护的法律法规。做好监督管理工作，加强对用人单位的约束，将是否签订劳动合同、是否按时缴纳职工社保、是否存在拖欠薪资等行为纳入企业考核体系中，建立通报与奖惩制度，对于表现良好的企业提供就业岗位补贴，对于违规的企业加大惩罚力度，对于多次违反甚至危害到劳动者人身安全的行为必要时采取刑事手段。

其次，要制衡劳资关系，缩小劳动与资本间的分配差距。在保障劳动者的主体地位的前提下，制衡劳资关系，提高劳动者的谈判地位和话语权，从而形成公平公正公开的工资协商制度。制定科学的劳动（工资）与资本（利润）间的分配份额标准，不断缩小劳动与资本间的分配差距。提高最低工资标准，将员工工资与当地的经济发展状况相适应，比如结合物价水平、房价涨幅等建立合理高效的工资增长机制，使更多低收入劳动者向中等收入人群转变。

（二）在再分配中更加注重公平

1. 完善税收调节机制，保障税负公平

首先，要完善我国的税制结构，进一步强化税收杠杆对个人收入分配的调节作用，并逐步建立起以个人所得税为主，遗产税、赠与税等为辅的税制结构；同时加强征税监管，键入覆盖全行业的税收网络，深入开展各行各业的税收综合治理，构建税收调节的"软机制"，并依法依规严肃查处并严厉打击涉税违法犯罪行为。

其次，要不断增加低收入人群收入，让低收入人群向中等收入阶层转变。通过降税退税手段减轻其生活负担，例如对于从事社区服务行业与社会福利事业的下岗职工适当减免部分个人所得税、营业税等，对于接收下岗职工并为其缴纳社保的企业减收企业所得税、相关管理性收费。

再次，要调节过高收入，通过高额累进税如财产税、遗产税、资本利得税等增加对高收入人群的征税力度，增加对高消费行为的纳税比例，并利用这部分税额实行财政转移支付帮助贫困地区与弱势群体，提高农村居民收入。

最后，可以通过利用互联网等智能化手段建立数字化税务征收与监管系统，将收入信息、房产信息、财产信息、银行交易信息等都汇总到税收平台中，实行收入与税收透明化管理，解决征税双方信息不对称问题，同时也可以减少偷逃税行为的出现，促进社会财富的公平分配。

2. 完善社会保障机制，保障转移支付公平

首先，政府应严格监管社保政策与制度的执行，避免过去多头管理、政出多门的弊端，统一城乡社保标准，加快建立全国统一的职工社会保险制度，扩大城乡居民社保、职工社保覆盖范围，特别是要健全灵活就业人员的社会保险缴纳机制，放开参保人员户籍、年龄限制。

其次，对于低收入群体尤其是下岗工人要加大政策倾斜力度，扩大对其转移支付的领域和规模，比如提供安置住房、廉租房，定期支付不低于当地最低生活水平的生活补助与失业救济金，减免子女高等教育学杂费，提供助学补助等。对于再就业的下岗工人，提供免费技能培训和转业转岗教育，适当提前退休年龄、提高退休金额度，为其提供基本生活保障与就业保障。

最后，应持续推进农村地区的社会保障与财政转移支付工作，补齐农村地区民生短板，确保农村生活服务区、老年人活动中心、养老院、儿童书屋、托儿所等服务设施的建设；加大对农村地区在医疗、养老、教育等方面的财政转移支付力度，充分发挥慈善公益组织的作用，定期开展针对农村老年人和儿童的"献爱心"服务；引导社会资本注入农村地区，通过农村合作组织开展农村社会化服务，并对农产品实行财政保险补贴，降低因农产品价格波动带来的负面效果。

3. 尽快开征房产税、遗产税、赠与税等新税种

房产税、遗产税、赠与税等都属于财产税。美国通过征收这三类财产税以调节个人财富已经有一两百年的历史①。但是，财产税税种在我国还是空白。在推进共同富裕的进程中，欧美国家通过征收财产税以调节个人财富的做法值得我们借鉴。首先要加快房产税立法。房产税在税率设计上要充分体现公平原则。以家庭为征税单位，对于多套房产的家庭，在现有税率基础上提高房地产累进税比例来加征房产税；对于家庭唯一住房、初次购房的家庭给予房产税费减收，对于福利住房免征房地产税。其次要抓紧遗产税和赠与税的立法调研和试点。提高对富裕人群的征税额度和征税范围，比如提高财产税的税率，对财富的转移或继承开征赠与税与遗产税，可以参考欧美国家征收 50% 的遗产税、馈赠税，加强对个人财富转移的立法与执法，并尽快在全国开展试点工作。

（三）在第三次分配中充分发挥慈善事业的补充作用

1. 健全第三次分配法制体系，提供稳定的制度环境

首先，加强慈善事业与第三产业相关立法，从法律层面规范和监督我国慈善事业与第三产业的发展。建立政府与公益组织协同的发展体系，制定关于违反慈善公益事业法律法规制度的惩处规定，加大对破坏社会慈善推进的惩处力度；加快完善现代新兴服务的法律法规，针对不同行业发展特点与存在方式制定政策，明确第三产业的服务范围、收费标准、监督管理和仲裁纠纷，确保落实成效，促进行业进步。其次，加强对慈善捐赠的监督与管理。一方面定期对现有慈善机构进行公开透明的资产审查，确保每一笔慈善基金都有合法合理的出处与去处，将信用与慈善捐赠挂钩，建立信用评级机制；另一方面完善慈善组织定期定时公开慈善捐赠财物数量、来源、数量、用途及效果机制，构建效果跟踪和反馈机制使捐赠主体了解财物的用途以及产生的社会效应，确保捐赠财物完全用于慈善行为中，降低慈善机构发生不当行为的概率。

2. 重视对慈善机构的管理与激励，鼓励富人和企业参与第三次分配

首先，壮大慈善组织数量规模。一方面充分利用孵化机构加强对慈善组织的孵化与培育，增加慈善公益组织的数量和规模，鼓励富人和企业参与慈善事业；另一方面利用互联网手段发展慈善事业，建立网络慈善平台，使慈善捐赠更加具有时效性、便捷性，引导更多的个人和组织加入慈善事业当中。其次，加大对慈善事业的激励力度。一方面制定针对不同参与主体的优

---

① 房产税（美国 1787 年）、遗产税（美国 1916 年）见文章禹奎、刘锋：《美国遗产税制度运行及变迁对我国的启示》，载《税务研究》2018 年第 9 期，第 70 ~ 75 页；赠与税（美国 1924 年）见文章杨瑞娥：《美国房产税发展经验及对我国的启示》，载《西南金融》2018 年第 6 期，第 35 ~ 40 页。

惠政策，扩大税收优惠主体的范围，积极搭建慈善交流平台，引导个人、企业、社会团体等多元主体与慈善组织进行合作与交流；另一方面优化捐赠结构，丰富慈善捐赠方式，简化慈善捐赠程序，取消对慈善组织资金储存使用规模和人员数量上的限制，推动慈善捐赠向股权捐赠、技术捐赠等多元化方向发展。最后，加大对参与第三次分配的企业和个人的税收优惠力度。一方面加快推出遗产税、赠与税等税种，同时尽快完善对将自己部分收入所得进行再次分配（比如进行财产捐赠）的企业或者个人的税收减免制度（个人所得税、企业所得税等），对捐赠收入纳入税收免征体系，对进行财富捐赠的主体降低纳税比例等；另一方面制定鼓励慈善信托的政策，比如在慈善信托的财产委托环节，给予慈善信托委托人税费减免，以此来增加参与慈善的吸引力，提高社会主体对慈善捐赠的热情。

3. 重视慈善文化的建设，提高慈善事业的公信力

首先，应采用制度化的机制大力倡导现代慈善理念，引导慈善文化长期有效地影响慈善事业。一方面加强慈善公益宣传力度，重视对中小学生的慈善教育，将慈善价值观与现代价值观融合形成良好的慈善风尚，进而演变成全体社会成员共同的行为准则；另一方面建立慈善捐赠披露机制，便于公众查询和监督，并将参与慈善事业作为一种应尽的社会责任，形成道德约束的社会诚信机制。其次，加强对社会资源网络的构建。一方面，针对居民个人，慈善组织通过政府网络与社区管理积极融合，以社区为媒介，搭建以社区为基本单位的慈善捐赠网络，在政府的宏观调控下形成以政府、社区、居民为主体的慈善资源微循环圈；另一方面，政府出台相关政策为慈善组织吸引项目合作和资源，有利于慈善组织提升公信力和宣传程度。

（四）在第三次分配中充分发挥第三产业的带动作用

首先，增加服务型消费比重，提高第三产业地位与收入。一方面加强信息、旅游、教育、医疗、文化等生活性服务业的建设，利用科学技术改造传统第三产业，比如改造传统旅游业，将观光旅游转变为休闲康养旅游；另一方面壮大中产阶层消费力量，支持企业加大对满足中等收入人群消费需要服务类商品的研发力度，不断引导高收入人群更加关注个性化服务商品的消费，带动第三产业的经济增长。

其次，加强劳动者培养与人才引进，为第三产业整体发展提供人才保障。一方面发展岗位职业培训与教育，加大培训经费的投入，结合第三产业部门发展特点，以职业院校和企业为依托，建立服务培训与实训基地进行定期培训；另一方面采用高薪酬的方式向社会引进专家与高级管理人才，建立人才收容、评级与推荐机制，促进人才在第三产业各部门合理流动。

再次，放宽对第三产业的市场限制，吸引各种经济主体与社会力量的加入。放开融资渠道，构建多元化的社会与海外投融资体系，通过财政补贴方

式扶持重要项目，对新兴企业、新办项目给予营业税减免。吸引国有、集体、民营、国外等各种形态资本投资第三产业，鼓励集体、民营企业创办第三产业，支持社会各主体以劳务、资金、技术、信息等形式参与第三产业。

最后，加大对第三产业主要指标考核力度。明确第三产业按照职责分工，细化分解任务，落实项目责任制，加强各部门之间的沟通与交流，并要求第三产业部门定期上报工作完成情况。加强政府与第三产业各部门的衔接力度，定期监督、考核第三产业各部门工作计划目标与实际完成程度，并做好第三产业统计入库工作。

参 考 文 献

［1］戴文礼：《公平论》，中国社会科学出版社 1997 年版，第 34～35 页。

［2］罗尔斯：《正义论》，中国社会科学出版社 1988 年版，第 10 页。

［3］杨信礼、卿潇潇：《论习近平公平正义观的内在逻辑》，载《理论学刊》2021 年第 6 期，第 15～22 页。

［4］袁春晖：《共同富裕：效率与公平统一的基础和目标》，载《中国经贸导刊》2009 年第 23 期，第 78 页。

［5］马克思：《资本论》第 3 卷，北京：人民出版社 2004 年版，第 999～1000 页。

［6］马克思、恩格斯：《马克思恩格斯选集》第 3 卷，人民出版社 1995 年版，第 302 页。

［7］张文杰：《马克思恩格斯平等公正思想及其当代价值》，载《人民论坛》2019 年第 14 期，第 44～45 页。

［8］邹升平、梁嘉蔚：《马克思按劳分配理论的三重贡献及当代价值》，载《经济纵横》2021 年第 4 期，第 8～14 页。

［9］程恩富、胡靖春、侯和宏：《论政府在功能收入分配和规模收入分配中的作用》，载《马克思主义研究》2011 年第 6 期，第 51～61 页。

［10］胡怀国：《功能性收入分配与规模性收入分配：一种解说》，载《经济学动态》2013 年第 8 期，第 137～153 页。

［11］方宁：《新时代中国共产党共同富裕思想的发展与实践研究》，载《南京审计大学学报》2022 年第 1 期，第 8～17 页。

［12］罗娟、彭伟辉：《共同富裕目标下我国收入分配结构优化路径》，载《经济体制改革》2022 年第 1 期，第 35～42 页。

［13］李淑梅：《马克思对"三位一体"公式的批判与自由的价值指向》，载《社会科学辑刊》2021 年第 5 期，第 5～11 页。

［14］刘文勇：《社会主义收入分配的思想演进与制度变迁研究》，载《上海经济研究》2021 年第 1 期，第 42～55 页。

［15］罗长远、张军：《经济发展中的劳动收入占比：基于中国产业数据的实证研究》，载《中国社会科学》2009 年第 4 期，第 65～79、206 页。

［16］张车伟、张士斌：《中国初次收入分配格局的变动与问题——以劳动报酬占 GDP 份额为视角》，载《中国人口科学》2010 年第 5 期，第 24～35、111 页。

［17］薛梅：《马克思公正思想下我国个人收入分配改革探析》，载《经济研究导刊》

2021 年第 7 期，第 5 ~ 8 页。

　　［18］詹静楠、吕冰洋：《财政与共同富裕——多维分配视角下的分析》，载《财政研究》2022 年第 1 期，第 47 ~ 59 页。

　　［19］罗娟、彭伟辉：《共同富裕目标下我国收入分配结构优化路径》，载《经济体制改革》2022 年第 1 期，第 35 ~ 42 页。

　　［20］程恩富、张福军：《要注重研究社会主义基本经济制度》，载《上海经济研究》2020 年第 10 期，第 17 ~ 23 页。

　　［21］闫境华、石先梅：《数字经济时代竞争与垄断的政治经济学分析》，载《经济纵横》2021 年第 3 期，第 18 ~ 26 页。

　　［22］侯风云、张海霞：《基于演化博弈的中国劳资关系历史演进路径分析（1840—1956)》，载《山东社会科学》2021 年第 3 期，第 118 ~ 125 页。

　　［23］冯志轩：《国民收入中劳动报酬占比测算理论基础和方法的讨论——基于马克思主义经济学的方法》，载《经济学家》2012 年第 3 期，第 5 ~ 13 页。

　　［24］钱诚：《以实现共同富裕为目标加快我国收入分配改革》，载《重庆理工大学学报（社会科学)》2021 年第 11 期，第 11 ~ 19 页。

　　［25］蓝煜昕、何立晗：《第三次分配背景下慈善资源的分配有效性：框架与机制》，载《行政管理改革》2022 年第 5 期，第 83 ~ 92 页。

　　［26］杨葳：《企业慈善行为、第三次分配与共同富裕》，载《社会科学战线》2022年第 5 期，第 275 ~ 280 页。

　　［27］何阳、娄成武：《面向共同富裕的第三次分配：机理、条件及路径》，载《青海社会科学》2022 年第 1 期，第 139 ~ 146 页。

　　［28］吴磊：《数字化赋能第三次分配：应用逻辑、议题界定与优化机制》，载《社会科学》2022 年第 8 期，第 146 ~ 155 页。

　　［29］邱子键：《第三次分配：困境、完善与实现——基于企业社会责任的重构》，载《当代经济管理》2022 年第 9 期，第 23 ~ 29 页。

　　［30］禹奎、刘锋：《美国遗产税制度运行及变迁对我国的启示》，载《税务研究》2018 年第 9 期，第 70 ~ 75 页。

　　［31］杨瑞娥：《美国房产税发展经验及对我国的启示》，载《西南金融》2018 年第6 期，第 35 ~ 40 页。

Research on the Fairness of Individual Income Distribution Under the Goal of Common Prosperity

Yang Jing　Xie Yuantai

（College of Economics and Management, Jiangxi Agricultural University, Nanchang 330045;

College of Economics and Management, Jiangxi Agricultural University, Nanchang 330045）

Abstract: The fairness of personal income distribution is of great significance to the realization of common prosperity. Taking the fairness of personal income distribution as the starting point, through the analysis of the current situation of personal income distribution between urban and rural areas, regions and industries under the goal of common prosperity and the fairness of workers' remuneration, it is found that there is still a large gap in personal income, and the proportion of workers' remuneration in GDP is low, and the income distribution is not fair. Through in-depth analysis, it is found that the main reasons for the unfair distribution of personal income are the differences between regions and workers' resource endowments, the sharp contradiction between labor and capital, the confusion of market competition order and the anomie of the three distribution mechanisms. In order to promote the fair distribution of social wealth and the realization of the goal of common prosperity, we should give consideration to efficiency and fairness in the initial distribution, and attach importance to the fairness of starting point, process and result; In redistribution, we should pay more attention to fairness, tax burden, social security and transfer payment fairness; Give full play to the complementary role of philanthropy and the driving role of the tertiary industry in the third distribution, and attach importance to charitable donations and fair service remuneration.

Keywords: individual income distribution; fairness; common prosperity

农村基础设施建设的共同富裕效应及其政策含义[*]

王铂淇　唐玲玲　王晓迪^{**}

【摘要】 共同富裕是社会主义的本质要求，而农村是实现共同富裕最大的难点，而农村的发展离不开基础设施的建设。为探究农村基础设施建设对共同富裕的影响效应，本文基于 31 个省份 10 年间的面板数据，利用耦合协调度模型来量化测度共同富裕指数，构建动态面板模型采用系统 GMM 法对农村基础设施建设影响共同富裕的机制进行检验。结果表明：农村交通基础设施、水利基础设施、卫生基础设施、能源基础设施对共同富裕均有正向的影响。结合四类农村基础设施建设对共同富裕影响的不同维度以及回归系数可以看出，医疗基础设施对共同富裕的影响最大，农村基础设施建设影响共同富裕最主要是通过生产和人力资本维度发挥作用。基于此，建议政策制定者分类加大农村基础设施的投资建设力度，拓宽农村基础设施的投资来源，提高基础设施的利用效率，完善投资决策机制，建立农村基础设施绩效考核制度，统筹规划城乡基础设施建设。

【关键词】 农村基础设施　共同富裕　耦合协调度模型　政策优化

近年来，为消除贫困、促进共同富裕，中国始终坚持以人民为中心，不断促进社会公平正义、增进民生福祉。通过三年脱贫攻坚战，我国已经彻底消除了绝对贫困。"十三五"时期中国在决胜全面建成小康社会中取得决定性胜利，为共同富裕创造了良好条件，党的十九届五中全会进一步提出"全体人民共同富裕取得更为明显的实质性进展"的远景目标。高质量的基础设施建设是提高共同富裕发展水平的重要基础，但当前城市基础设施建设已经逐渐地趋近成熟，以增加城市基础设施投资来促进共同富裕的可实现空间在日益缩小。相反，农村基础设施建设的发展潜力远大于城市（贾安东，2022）^①。与此同时，在乡村振兴战略的引领下人才、信息、资本、技术等在城市与乡村之间流动的通道日渐被打通，加速了要素向农村聚集进而推动农村基础设施建设的良性循环。研究农村基础设施建设对共同富裕的影响，深入分析农

---

　* 基金项目：本文为山东省社科规划一般项目"山东省乡村振兴数字化建设研究（21CSDJ32）"的阶段性成果。

　** 作者简介：王铂淇（1999～），女，汉族，辽宁人，大连海事大学航运经济与管理学院研究生，主要研究方向为：国际贸易政策。唐玲玲（1997～），女，汉族，山东济宁人，山东财经大学经济学院硕士研究生，主要研究方向为：收入分配。王晓迪（1981～），男，汉族，山东济南人，山东财经大学讲师，主要研究方向为：乡村振兴与共同富裕。

　① 贾安东、贾恒、李小宇、庞润弘：《乡村振兴重在加快农村基础设施建设——以肥城市社会主义新农村建设为例》，载《泰山学院学报》2022 年第 1 期，第 75～79 页。

村基础设施在我国共同富裕实现进城中的作用机制和效果，是对我国推动共同富裕实践的经验总结，同时也能为其他国家的共同富裕之路提供借鉴。另外，此研究能够为我国制定科学合理的农村基础设施建设战略提供参考，以平衡城乡之间基础设施发展次序和规模，推动农村基础设施在实现共同富裕之路上发挥出更大的作用。

一、文 献 综 述

自 2003 年提出要重视"三农"问题以来，我国学者逐渐认识到研究农村基础设施建设的必要性。相较于城市，农村地区在人力、物力、财力资源上均较为匮乏，所以建设农村基础设施提高资源利用效率，是推动乡村振兴的重要途径。目前的文献多集中于研究农村基础设施建设对促进经济增长和缩小收入差距的影响。秦小迪（2021）[①] 等运用连续型 DID 模型和最小二乘法对农村基础设施影响包容性绿色增长的机制进行检验，结果表明农村基础设施对包容性绿色增长的促进效应大于抑制效应。徐馨荷（2020）[②] 等采用面板模型实证分析了我国农村基础设施对农村经济增长的影响。结果表明：农村公路、信息网络、教育、能源供应等基础设施对农村经济增长有显著正面作用，而水利基础设施、卫生环境基础设施对农村经济增长作用不显著，科技基础设施则具有显著负面作用。达赫·奥洛、巴索莱特·杜桑·布比埃（Dah Ollo、Bassolet Toussaint Boubié，2021）[③] 等学者使用了来自世界银行、非洲开发银行（AfDB）和粮食及农业组织（FAO）数据库的 2000～2016 年间宏观数据，运用系统广义矩法（GMM）进行估计。结果表明，道路基础设施质量的提升有助于增加农业收入，从而减少农村贫困；另外，灌溉对农村贫困没有重大影响。鉴于这些结果，建议西非经贸联盟各国努力在农业基础设施领域分配公共资源，以促进农业部门的发展，减少农村贫困。

沙希杜尔、贾亚特里（Shahidur R. Khandker、Gayatri B. Koolwal，2011）[④] 等学者从农村基础设施的影响周期来进行研究，通过广义力矩法估算了农村公共道路投资回报的演变趋势，结果表明，长期中农村非农部门的就业增长

① 秦小迪，吴海涛，侯小远：《农村基础设施对包容性绿色增长的影响：促进还是抑制?》，载《农林经济管理学报》2021 年第 6 期，第 721～729 页。

② 徐馨荷，黄敦平：《农村基础设施的减贫效应实证分析》，载《山西师范大学学报（自然科学版）》2020 年 34 卷第 4 期，第 29～35 页。

③ Dah Ollo and Bassolet Toussaint Boubié. Agricultural infrastructure public financing towards rural poverty alleviation：evidence from West African Economic and Monetary Union（WAEMU）StatesJ. SN Business & Economics，2021，1（2）：1－20.

④ Shahidur R. Khandker and Gayatri B. Koolwal. *Estimating the Long－Term Impacts of Rural Roads：A Dynamic Panel Approach*［W/P］. World Bank Policy Research Working Paper No. 5867，2011.

速度更快，投资回报不断增加。周加来和方建（2020）[①] 等学者运用面板模型分析得出我国农村水利、能源等基础设施对缩小城乡收入差距具有积极作用，其中，能源基础设施的作用效果较弱，而农村交通、物流等基础设施不存在积极影响。在已有研究中，将促进经济增长与缩小收入差距作为整体综合衡量的研究较少，故本文研究农村基础设施建设的共同富裕效应，将两方面合为整体。按照"概念梳理—理论研究—实证分析—政策优化"的研究范式，本文首先引用耦合协调度模型构建共同富裕指数并进行量化测度。此测度体系中，将共同富裕看作一个复杂化系统，由收入子系统和平等子系统构成。只有二者实现协调与统一，才能真正实现共同富裕。在此基础上，运用系统 GMM 法，将 2010～2019 年 31 个省份的面板数据回归得到定量结论，据此提出政策建议。

二、农村基础设施对共同富裕的影响机理

为更加清晰准确地研究农村基础设施建设对共同富裕的影响，本文对农村基础设施与共同富裕的研究范围做出界定。综合国内学者相关研究，以口径大小作为标准，可将基础设施分为狭义的基础设施和广义的基础设施（何翔，2021）[②]。其中，狭义的基础设施指能够为社会生产和居民生活提供公共服务的物质工程设施，包括交通基础设施、卫生基础设施、能源基础设施、水利基础设施。广义的基础设施，是在狭义基础设施的基础上，包括教育基础设施、制度建设、科技水平、文化基础设施、法律政策等内容。为了便于统计，本文中的农村基础设施的研究范围采用狭义的基础设施，即交通基础设施、卫生基础设施、能源基础设施、水利基础设施。各部分基础设施对共同富裕的具体影响路径体现在以下几方面：

（一）交通基础设施对共同富裕的影响机理

1. 收入维度

在交通不发达的地区，村民往往难以获取外界信息，外出成本极高，使得交通基础设施较为落后的农村地区往往具有很强的闭塞性，劳动力滞留本地，收入较低。长此以往，形成恶性循环，劳动力剩余越来越多，人口流动性越来越低，加剧贫困状况[③]。因此，交通基础设施的完善有助于加快劳动

① 周加来、方建、黄敦平：《农村基础设施能缩小城乡收入差距吗？——基于省际面板数据的实证分析》，载《重庆工商大学学报（社会科学版）》2020 年第 4 期，第 1～11 页。

② 何翔：《农村基础设施投资公平性与脱贫攻坚成果巩固关系研究——基于2010—2019 年省级面板数据的实证分析》，载《宏观经济研究》2021 年第 3 期，第 160～175 页。

③ 陈垚、汪晓文、张国兴：《交通基础设施对农村减贫的门槛效应研究》，载《中国地质大学学报（社会科学版）》2021 年第 5 期，第 110～123 页。

力要素的流动，帮助农村劳动力获得更多就业机会，增加劳动报酬，进而实现城乡收入的协同增长。

2. 人力资本维度

加大农村基础设施的建设可以降低劳动力转移成本，为农村地区经济发展的人力资本引进提供保障，促进高水平人才的输入，提高共同富裕程度。涌入城市的劳动力在积累资金与技能后返乡能为农村带来先进的技术，通过创新提高农业生产效率、促进产业升级等带动农村经济发展。

3. 产业维度

交通基础设施一方面作为生产要素直接加强农村与外界的联系，增加农村的开放性，减少通信成本与运输成本，促进企业向土地成本低的农村地区加大投资；另一方面，农村基础设施的建设可以扩大市场范围，有利于改善农村的产业结构，市场范围的扩大与农村产业结构的调整可以增加就业机会，利用城乡间的价格传导机制进一步缩小城乡经济发展差距。

（二）水利基础设施对共同富裕的影响机理

1. 收入维度

农业的发展极度依赖水利，农作物的优质高产离不开充足的水源。首先，较为完善的水利基础设施能保证农田基本生产，帮助实现农作物增收，促进农村经济增长。由于水利基础设施具有规模效应，系统完善的水利设施可以节约旱季的其他投入成本，降低总生产成本，提高农民的净收入，实现农村经济增长，缩小城乡差距（罗贤禄，2021）[①]。

2. 生产维度

农村水利建设主要集中在蓄水、引水、配水、取水、灌溉等方面，水利基础设施的升级改造能有效改善农村生产生活条件，为农业经济增长提供强大的动力。人为建造水利设施可以在灾年有效地减少受灾面积，提高农业生产率。

3. 农业结构维度

水利设施的建设可以在一定程度上摆脱自然对农业发展的限制，扩大土地可种植的农作物种类，农民可以选择能带来更高收入的经济类作物，进而逐步调整农业经济结构，为实现农业结构升级提供了动力与可能。农业经济结构的调整有助于优化农村整体布局，使农业发展更适应市场的需求，实现农民的增收，促进共同富裕。

[①]　罗贤禄、廖小菲：《农村基础设施对农业绿色生产效率的影响》，载《粮食科技与经济》2021 年第 2 期，第 33～36 页。

（三）农村医疗基础设施对共同富裕的影响机理

1. 人力资本维度

农村医疗基础设施的建立提高了农民健康服务的质量，使一些地区性的传统疾病得到有效治疗，提高了医疗服务的可获得性，一定程度上降低了农村居民的就医成本。充足的医疗资源特别是高素质的医疗服务人员能满足群众日益关注的健康需求，增强农民的自我保健意识，有助于改善农民的健康素质，增加有效劳动供给数量（段玉柳，2021）[1]，积累更多的人力资本，为农村经济增长打下了良好基础。

2. 生活维度

农村医疗保障制度的建设和完善提高了农村生活的保障水平，极大地缓解了"因病致贫""因病返贫"问题，大大减轻了农民的生活负担，增强了社会的稳定性。完善的医疗保障体系，特别是医疗保障体系的共享信息管理系统，使异地就医和报销更加便捷有效地分担了农村居民患病所致的经济压力，降低了农村居民对未来的不确定预期，提高了抵御风险的能力，有助于农民加大农业生产方面的投入，间接起到了促进农民增收的作用（车路，2020）[2]。当前城镇居民的医疗保障体系建设已经较为完善，但大部分农村地区的医疗服务体系有待完善，因此加大对农村医疗基础设施的投入可以有效缩小城乡间的差距，促进共同富裕目标的实现。

（四）农村能源基础设施对共同富裕的影响机理

1. 生产维度

能源作为农业生产的基础，它从根本上制约着农村的经济发展，农村生产生活方面面都体现着对能源的需求。完善配套的能源设施，包括电力、煤炭、柴薪、太阳能、风能、地热等各生产环节提供了保障。农业技术的提升离不开农村能源基础设施，能源开发利用可以给农业的发展带来更多可能与机遇，各种能源综合开发、多层次利用是发展高效率农业的有效措施。不同于城镇内完善的能源基础设施供给，农村能源利用率较低，需要能源基础设施的建设来引导，以提高能源的利用效率，降低成本，缩小收入差距。

2. 产业维度

积极引导农村居民使用清洁能源，既能丰富能源供给的来源，又能为发展低碳农业、建设绿色乡村提供保障。完善的能源设施建设不仅可以促进农

---

[1]　段玉柳、刘存生：《乡村振兴背景下农村医疗保障现状分析及改进策略》，载《农村经济与科技》2021年第20期，第233～235页。

[2]　车路、吴婉宁：《精准脱贫背景下农村医疗保障制度的现状、问题及对策》，载《广西质量监督导报》2020年第6卷，第9～10页。

业生产的机械化、提高农业生产效率，还可以释放出一部分劳动力，推动农村其他产业的进步，促进农业生产结构调整，使农村的经济结构向着更合理的方向发展，从多方面推动农村经济发展，促进共同富裕①。

三、共同富裕的量化测度

（一）共同富裕测度的体系构建

社会主义的本质，是解放生产力，发展生产力，消灭剥削、消除两极分化，最终达到共同富裕。要走共同富裕的道路，促进人的全面发展，做到发展为了人民、发展依靠人民、发展成果由人民共享。实现共同富裕必须注重解决好发展不平衡不充分问题，让全体人民参与共创共建、发展成果由人民共享，在高质量发展中持续提高人均收入水平，缩小地区、人群、贫富差距。根据以上对共同富裕内涵的界定，本文将推动共同富裕分为收入增长与促进平等两个方面，综合衡量共同富裕的程度。

本文借鉴邹克（2021）② 构建的共同富裕测度体系，此体系采用耦合协调度模型，将共同富裕看作是杂化系统，由两个子系统构成，包括收入子系统与平等子系统，两个系统相互关联，处于动态的变化过程中，互相影响。但是两个子系统所受到的作用力并非一致，甚至可能是完全相反的。只有这两个子系统实现协调统一发展时，才能真正实现共同富裕。研究区间为 2010～2019 年，研究对象为中国 31 个省级地区。其中，收入子系统选用人均农村居民可支配收入（v_{11}）、城镇单位就业人员平均工资（v_{12}）、人均 GDP（v_{13}）和人均居民城镇可支配收入（v_{14}）四个指标，所有指标均为正向指标并且按 2010 年不变价格进行处理。平等子系统选择农村贫困发生率（v_{21}）、行业收入差距基尼系数（v_{22}）、收入基尼系数（v_{23}）、区域收入差距（v_{24}）、失业率（v_{25}）和城乡收入比（v_{26}）。城乡收入比为人均城镇居民可支配收入与人均农村居民可支配收入之比；区域收入差距为选取上海为标杆地区时，各地区城镇居民可支配收入与标杆地区城镇居民可支配收入的比值。收入基尼系数测算采用胡祖光③（2004）的简易计算法，将洛伦兹曲线下方的区域划分为 n 个区域，然后求其面积之和。行业收入差距基尼系数以国家统计局划分的 19 个行业为依据，利用各行业的平均收入进行计算。除收入

---

① 徐祯波：《农村能源建设在农业持续发展中的地位和作用研究》，载《中国农业文摘——农业工程》2020 年第 6 期，第 29～30 页。

② 邹克、倪青山：《普惠金融促进共同富裕：理论、测度与实证》，载《金融经济学研究》2021 年第 5 期，第 48～62 页。

③ 胡祖光：《基尼系数理论最佳值及其简易计算公式研究》，载《经济研究》2004 年第 9 期，第 60～69 页。

差距直接反映平等程度外，其余指标在此模型中均为负向指标，采用乘以 -1 的方式将其正向化。其中，农村贫困发生率来源于中国农村贫困检测报告，收入基尼系数由各省统计年鉴整理所得，其余数据均来源于国家统计局网站。

（二）耦合协调度模型

基于邹克[①]（2021）所构建的模型，两个子系统之间的耦合度计算方法如下：

$$C = \sqrt{\frac{V_1 \times V_2}{\left(\frac{V_1 + V_2}{2}\right)^2}}$$

C 表示两个子系统之间的耦合度，V_1、V_2 直接引用原始模型中采用德尔菲法所获得的权重向量，V_1 的权重向量为 0.274 0.313 0.294 0.146，V_2 的权重向量为 0.259 0.197 0.238 0.156 0.081 0.069，在计算耦合度之前将 V_1、V_2 的取值范围限定在 0～1 之间，计算 C 之前先对其做无量纲化处理。

子系统之间的协调度模型为：

$$\begin{cases} D = \sqrt{C \times T} \\ T = \alpha V_1 + \beta V_2 \end{cases}$$

其中，D 为共同富裕指数，衡量收入子系统与平等子系统协调发展的程度；T 反映两个系统之间的综合协调情况，由 V_1、V_2 加权求和得到，按照参考文献中所选权重采取 $\alpha + \beta = 1$。

经计算得到各省级地区 2010～2019 年的共同富裕指数，如表 1 所示。

表 1　　　　2010～2019 年各省（直辖市、自治区）共同富裕测度指数

地区	2010 年	2011 年	2012 年	2013 年	2014 年	2015 年	2016 年	2017 年	2018 年	2019 年
北京	0.790	0.804	0.812	0.816	0.822	0.829	0.830	0.842	0.843	0.860
天津	0.700	0.693	0.698	0.696	0.685	0.696	0.686	0.711	0.710	0.716
河北	0.504	0.537	0.555	0.557	0.554	0.563	0.562	0.584	0.591	0.588
山西	0.472	0.507	0.534	0.538	0.547	0.547	0.549	0.568	0.584	0.596
内蒙古	0.526	0.560	0.582	0.588	0.578	0.588	0.595	0.612	0.621	0.632
辽宁	0.572	0.578	0.597	0.601	0.601	0.610	0.624	0.630	0.640	0.643

---

① 邹克、倪青山：《普惠金融促进共同富裕：理论、测度与实证》，载《金融经济学研究》2021 年第 5 期，第 48～62 页。

续表

地区	2010 年	2011 年	2012 年	2013 年	2014 年	2015 年	2016 年	2017 年	2018 年	2019 年
吉林	0.500	0.537	0.555	0.560	0.569	0.574	0.572	0.583	0.589	0.600
黑龙江	0.502	0.517	0.534	0.550	0.559	0.564	0.566	0.565	0.578	0.592
上海	0.798	0.814	0.813	0.816	0.814	0.814	0.822	0.837	0.843	0.845
江苏	0.670	0.679	0.680	0.676	0.681	0.688	0.681	0.688	0.699	0.704
浙江	0.674	0.689	0.694	0.700	0.707	0.699	0.700	0.703	0.709	0.717
安徽	0.500	0.532	0.546	0.550	0.547	0.548	0.553	0.566	0.570	0.584
福建	0.603	0.610	0.621	0.628	0.624	0.623	0.618	0.623	0.639	0.636
江西	0.497	0.521	0.526	0.529	0.532	0.542	0.548	0.553	0.561	0.557
山东	0.592	0.598	0.611	0.607	0.607	0.616	0.624	0.624	0.621	0.633
河南	0.494	0.518	0.536	0.536	0.535	0.542	0.540	0.555	0.555	0.567
湖北	0.518	0.551	0.549	0.565	0.569	0.567	0.578	0.580	0.597	0.608
湖南	0.502	0.521	0.521	0.526	0.541	0.548	0.547	0.561	0.570	0.575
广东	0.629	0.647	0.655	0.643	0.658	0.658	0.661	0.661	0.669	0.675
广西	0.451	0.463	0.478	0.493	0.500	0.520	0.522	0.538	0.557	0.566
海南	0.466	0.521	0.542	0.547	0.545	0.567	0.568	0.569	0.591	0.602
重庆	0.527	0.552	0.563	0.556	0.555	0.551	0.556	0.557	0.562	0.576
四川	0.481	0.513	0.529	0.526	0.537	0.550	0.544	0.555	0.570	0.578
贵州	0.291	0.376	0.411	0.427	0.440	0.456	0.465	0.473	0.484	0.492
云南	0.326	0.428	0.440	0.465	0.478	0.479	0.500	0.513	0.524	0.538
西藏	0.338	0.383	0.417	0.454	0.472	0.533	0.543	0.550	0.566	0.569
陕西	0.469	0.504	0.523	0.524	0.520	0.532	0.542	0.550	0.565	0.581
甘肃	0.325	0.376	0.411	0.419	0.445	0.452	0.465	0.482	0.507	0.524
青海	0.419	0.443	0.480	0.497	0.517	0.517	0.533	0.548	0.558	0.568
宁夏	0.508	0.508	0.538	0.529	0.541	0.548	0.544	0.564	0.573	0.582
新疆	0.371	0.437	0.496	0.516	0.517	0.518	0.525	0.530	0.550	0.570

（三）测度结果分析

如图 1 所示，共同富裕存在较为明显的区域性差异。东部地区的共同富裕程度最高，特别是北京和上海两地区，两个子系统相互协调程度高；其次是中部地区，西部地区的共同富裕指数较低。除此之外，广东、天津、江苏、浙江的共同富裕程度也较高，共同富裕指数较低的地区包括甘肃、云南、贵州、西藏等。

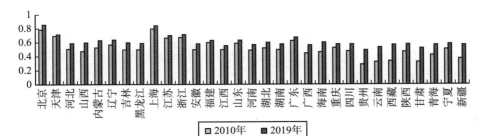

图1　2010年与2019年各省份共同富裕指数

虽然区域间共同富裕差异程度较大，但共同富裕指数较低地区的增速明显快于发达地区，呈现出区域收敛性。以甘肃、贵州、云南为例，2010～2019年共同富裕指数分别上升了69.29%、64.81%、60.96%。可见我国通过政策倾斜、精准扶贫、乡村振兴等措施有效提高了欠发达地区的经济发展水平，实现了生活水平的大幅提高、促进了公共服务均等化，使得收入子系统与平等子系统之间逐步实现了协调发展，为实现共同富裕提供了有力支撑。

四、农村基础设施建设对共同富裕影响的实证研究

（一）变量选取

本文中的被解释变量为共同富裕指数（copi）。农村基础设施根据上述范围划定可分为交通基础设施、水利基础设施、医疗基础设施与能源基础设施。其中交通基础设施一般采用投资规模或者密度来衡量，考虑到公路基础设施投资的一部分用于道路的维护与翻新，并不能真实地反映出公路通达情况，故本文采用路网密度（road）指标，参考刘秉镰（2010）[①] 采用"每平方公里公路里程"来反映公路密度本文以农村公路里程数除以农用地面积作为农村路网密度指标。水利基础设施采用人均有效灌溉面积（irri），医疗基础设施（medi）用人均村卫生室数量表示，能源基础设施用人均耗电量（elec）表示。

为增强模型的解释力，降低遗漏变量的影响，结合相关因素本文选取三个控制变量。一是产业结构高度化指数（indh），综合不同文献中对此的解释，本文将其定义为产业结构由第一产业向第二产业转移以及第二产业向第三产业转移的程度，用公式"（第一产业产值/第二产业产值）×0.2 +（第三产业产

---

① 刘秉镰、武鹏、刘玉海：《交通基础设施与中国全要素生产率增长——基于省域数据的空间面板计量分析》，载《中国工业经济》2010年第3期，第54～64页。

值/第二产业产值）×0.8"（邹克，2021）[①] 来计算。二是财政能力（fisc），用地方财政一般预算收入与 GDP 的比重表示，通常认为，财政能力与政府通过转移支付等公共政策与措施来调节收入差距的能力成正比，高水平的财政能力能够提高共同富裕程度。三是创新能力（inno），用获批专利数目来表示，生产效率的提高离不开创新能力的提升，创新是第一生产，能够有效提高收入水平。

本文选取我国 2010～2019 年 31 个省份。其中路网密度由《中国农村统计年鉴》和《中国交通统计年鉴》整理所得、人均有效灌溉面积、医疗基础设施、人均耗电量均来源《中国农村统计年鉴》，产业结构高度化指数、财政增能力与创新能力由各省《统计年鉴》整理所得。

（二）描述性统计

表 2 给出主要变量的均值、标准差、最大值、最小值。

表 2 变量描述性统计

变量	copi	road	irri	medi	elec	indh	fisc	inno
均值	0.575	3.663	0.516	0.486	0.521	2.768	0.117	47.745
标准差	0.098	4.990	0.403	0.287	0.699	3.161	0.032	72.845
最大值	0.860	33.360	2.088	1.693	4.442	20.490	0.245	527.39
最小值	0.291	0.755	0.050	0.047	0.027	1.027	0.061	0.121

（三）模型设定

本文采用 GMM 模型来进行回归分析，GMM 多用于动态面板模型，即基于静态面板模型的被解释变量滞后项而形成的模型。但是，用动态面板模型进行估计容易使得参数估计值出现偏差，而且估计偏误会随着截面数量的增多而变大。阿雷利亚诺和邦德（Arellano and Bond，1981）将久生（Hisao，1991）提出的对动态面板模型进行一阶差分来消除个体差异的方法加以改进，把所有的滞后变量都作为工具变量加入模型中来进行 GMM 估计，由此产生了差分 GMM。但是差分 GMM 容易产生弱工具变量问题，尤其当被解释变量的差分值极小时，滞后项与差分的相关性很弱。为解决此问题，阿雷利亚诺和博弗（Arellano and Bover，1995）提出了水平 GMM，即将全部滞后项

---

① 邹克、倪青山：《普惠金融促进共同富裕：理论、测度与实证》，载《金融经济学研究》2021 年第 5 期，第 48～62 页。

的差分均作为工具变量来进行估计。由于水平 GMM 与差分 GMM 各有优点与缺点，布朗德尔和邦德（Blundell and Bond，1998）将两种方法进行结合，形成了系统 GMM 估计法，大大提高了参数估计值的有效性。

故本文构建系统 GMM 模型来估计面板数据，以被解释变量滞后项作为工具变量对模型进行估计，并对省份固定效应和时间固定效应进行控制。为了消除异方差和保证数据平滑，所有数据均做对数化处理，分别用$\text{lncopi}_{i,t}$、$\text{lncopi}_{i,t-1}$、$\text{lnirri}_{i,t}$、$\text{lnroad}_{i,t}$、$\text{lnmedi}_{i,t}$、$\text{lnelec}_{i,t}$、$\text{lnindh}_{i,t}$、$\text{lnfisc}_{i,t}$、$\text{lninno}_{i,t}$表示，建立如下模型。

$$\text{lncopi}_{i,t} = \beta_0 + \beta_1 \text{lncopi}_{i,t-1} + \beta_2 \text{lnirri}_{i,t} + \beta_3 \text{lnroad}_{i,t} + \beta_4 \text{lnmedi}_{i,t}$$
$$+ \beta_5 \text{lnelec}_{i,t} + \beta_6 \text{lnindh}_{i,t} + \beta_7 \text{lnfisc}_{i,t} + \beta_8 \text{lninno}_{i,t} + \mu_{i,t} + \varepsilon_i$$

其中，$\text{lncopi}_{i,t}$代表各省份共同富裕指数，$\text{lncopi}_{i,t-1}$代表各省份共同富裕指数滞后一期的变量，$\text{lnirri}_{i,t}$表示代表农村水利基础设施，$\text{lnroad}_{i,t}$代表农村基础设施，$\text{lnmedi}_{i,t}$代表农村医疗基础设施，$\text{lnelec}_{i,t}$代表农村能源基础设施，$\text{lnindh}_{i,t}$代表产业结构高度化指数，$\text{lnfisc}_{i,t}$代表财政能力，$\text{lninno}_{i,t}$代表创新能力。

（四）回归结果分析

表 3 中展示了估计结果，实证结果显示模型估计结果具有显著性。人均有效灌溉面积、人均耗电量、路网密度、人均村卫生室数目估计系数为正数，表明与共同富裕指数存在正相关关系，与前文的机理分析相符合，即各类型的农村基础设施通过提高劳动生产率、降低交易成本、改善居民生活水平等途径对共同富裕具有直接的促进作用。另外滞后一期的共同富裕指数为正，表明上一期的共同富裕程度对当期的共同富裕具有正向的影响。从控制变量来看，模型中产业结构高度化指数与创新能力的估计系数为负数，表明与共同富裕之间存在负相关关系；财政能力估计系数为正数，表明与共同富裕指数存在正相关关系。

表 3　　　　　　　　　　系统 GMM 实证分析结果

变量	$\text{lncopi}_{i,t}$
$\text{lncopi}_{i,t-1}$	0.400 *** (29.038)
$\text{lnirri}_{i,t}$	0.229 *** (4.067)

续表

变量	$lncopi_{i,t}$
$lnroad_{i,t}$	0. 096 ** (1. 713)
$lnmedi_{i,t}$	0. 364 *** (2. 915)
$lnelec_{i,t}$	0. 068 *** (4. 012)
$lnindh_{i,t}$	− 0. 046 * (1. 723)
$lnfisc_{i,t}$	− 0. 154 *** (− 5. 900)
$lninno_{i,t}$	0. 090 *** (7. 404)
N	310
R^2	0. 719

注： *** 、 ** 、 * 分别表示在10% 、 5% 、 1% 的显著性水平下显著，括号内为 t 值。

从促进农业增收角度，交通基础设施建设可以降低农产品运输成本，拓宽农产品的销售渠道，增加农村的务农收入。从促进非农业发展的角度，交通基础设施有助于拉动企业向农村地区进行投资的范围，促进农村地区产业结构的调整。交通基础设施从多方面促进农村地区的经济发展，缩小城乡之间的收入差距，促进共同富裕。农村水利基础设施是农业生产得以顺利进行的重要支撑，水利基础设施能抵御自然气候的变化带来的不确定性。合理的灌溉系统能提高土地利用效率与农业生产效率，使农村的抗灾能力大大增强，进而增加农村居民的收入，提高共同富裕程度。农村居民的物质生活水平日益提高，农民对于健康与养护的需求越来越高，但高额的医疗费对于大多数的农村居民而言都是极大的负担。乡镇与村卫生室的设立能满足农村的基础看病需求，为农民的健康提供了保障。医疗保障制度则减轻了农民的负担，为共同富裕的实现做出了重要贡献。农村能源基础设施是农村建设的基础，完善的能源基础设施能提高农业生产效率与能源的利用效率，实现农业增收，缩小城乡差距，提高共同富裕程度。

五、结论与政策建议

（一）研究结论

农村基础设施属于公共产品，可以从多方面来促进共同富裕。农村基础设施直接作用于农业生产，使得农业生产率得以提升，如水利基础设施和能源基础设施能够降低自然对农业生产的不利影响，促进农产品增产，提高农产品的质量，增加农村居民的收入，促进共同富裕。交通基础设施能够降低地区之间的运输和通信成本，促使资本向农村地区流动，使农村的产业结构向更合理的方向发展，促进农村经济的发展。农村卫生基础设施为降低农村居民的就医成本，提高农村居民生活质量与身体健康素质，进而提高劳动效率，增加经济收入。作为农村经济发展的重要基础，农村基础设施建设对于推动乡村振兴战略的实施与城乡一体化发展具有重要的意义。农村基础设施建设的进一步完善可以有效推进农村经济的发展，缩小城乡差距，促进共同富裕。随着全体人民共同富裕程度不断提高，收入水平的提升是共同富裕的主要影响因素，而尽量保持收入平等才是实现共同富裕的重要抓手，只有两个系统实现高度协调统一才能实现共同富裕的远景目标。

在四类基础设施中，能源基础设施对共同富裕所做贡献最小，这是由于劳动力大量流入城市，粮食作物与经济作物等农业收入在农民的总体收入中所占比例在日益减少。农村医疗基础设施的回归系数大于其他基础设施的回归系数，对共同富裕的影响程度最大。随着经济水平的发展，农村居民的消费结构逐渐从满足生存需求的消费向健康保健方面倾斜，农村居民生活水平质量提升，相较于其他物质性基础设施，医疗基础设施等生活性基础设施对农村经济发展的影响程度正在大幅度提升。除此之外，与城镇相比，农村人口老龄化速度更快、程度更深，由于老人失能程度更高（高鸣，2022）[①]，对医疗有更多的需求，所以农村医疗基础设施的改善能明显提高农村居民的生活质量，提高共同富裕程度。

结合四类农村基础设施建设对共同富裕影响的不同维度以及回归系数可以看出，农村基础设施建设影响共同富裕最主要是通过生产和人力资本维度发挥作用。虽然农业生产在促进农村经济发展当中发挥的作用有下降的趋势（吕新博，2021）[②]，但是增加有关农业生产的基础设施的建设，依旧是推动农村经济发展，缩小城乡收入差距，实现共同富裕的主要手段。由于农村中

---

① 高鸣：《中国农村人口老龄化：关键影响、应对策略和政策构建》，载《南京农业大学学报（社会科学版）》2022 年第 4 期，第 8～21 页。

② 吕新博、孟宪勇、赵伟：《农村基础设施对动态多维减贫效应影响的实证》，载《统计与决策》2021 年第 22 期，第 77～80 页。

大量的劳动力向城镇转移，农村的人力资本流失严重，人力资本在增加农村家庭物质积累和促进农村经济发展上具有极大的潜力。

（二）政策建议

1. 分类加大农村基础设施的投资建设力度

农村基础设施的投资要结合各地农村的发展状况与势态，合理调整建设重点，不能盲目地追求投资规模的增加，要针对各地区的建设短板、结合产业结构和农业发展需要，具体且有针对性地发展农村基础设施建设。关于交通基础设施，应当以政府为主导，确保财政投入资金来源的稳定性，鼓励村集体与社会资本参与。对于水利基础设施与能源基础设施，建议以政府出资与社会出资建设相结合，给予重点地区补贴。而卫生基础设施，不仅需要政府加大医疗设施的建设，更需要引进高素质医疗服务人员，切实保证农村居民的基础就医与健康卫生需求。

2. 拓宽农村基础设施的投资来源，提高利用效率

长久以来，我国的农村基础设施建设都是由政府作为投资的主体，故而农村基础设施的公共属性十分突出，管理松散、利用效率低下等问题长期存在，造成了资源的浪费与不合理配置。所以，在基础设施投资方面应当适度转向，利用当地特色积极吸引社会资本、农村合作社、大型农场资金参与到农村基础设施建设当中。逐步由社会资本参与投资过渡到社会资本与政府资本共同主导相关基础设施建设，将市场竞争机制引入农村基础设施的建设与维护当中来，提高基础设施的利用效率，加强对于基础设施使用过程的监管，延长基础设施的使用年限，避免资源浪费。

3. 重视投资决策机制

目前农村基础设施的投资决策大多为自上而下的方式，此种方式能够协调各方因素，从整体利益出发配置资源，但是容易造成农村的积极性不高、实际决策忽略农民的切实需求等问题。而自下而上的决策方式则可以充分关注到农村居民的实际利益，但是此种方式需要农村居民能够具有集体理性，需要建立较为完善的民主制度，规范决策程序。目前而言，这些条件在我国还不完全具备，所以需要将自上而下与自下而上的决策机制结合起来，既要充分听取农村居民的需求建议，也要有合理的宏观统筹规划，才能使农村基础设施建设的投资决策实现最优。

4. 建立农村基础设施绩效考核制度

建立农村基础设施建设的供给绩效评价制度，加强农村基础设施建设的合理供给能力，满足农村居民对于基础设施的各方面需求。由于各地农村基础设施建设的重点以及各类型农村基础设施的作用不同，评级指标也不应该一概而论，要根据具体情况进行适当调整，保证评价体系能够准确地反映出农村基础设施建设惠及农村居民的程度。此指标应当兼顾长期性、有效性、

多元性，在时间以及空间等方面都要切实满足农村经济的发展，采用定性与定量相结合的评价体系。

5. 树立一体化的发展理念，统筹规划城乡基础设施建设

目前，我国城市和农村的基础设施建设衔接仍旧缺乏有效性，城乡之间的基础设施建设各自成一套系统，空间以及时间上的布局规划存在诸多不合理之处。另外，农村基础设施建设长期以来落后于城市，所以推动共同富裕目标的实现，要加快建立城乡之间的平等投资机制。整体的投资规划设施要兼顾统筹城乡的发展状况，将城乡共建的理念贯穿于政策设计与落实之中，不能脱离城乡之间的联系，单方面考虑农村基础设施建设。特别是在联通城乡之中起到重要作用的交通基础设施建设，其建设规划更要科学合理，促进城乡一体化，推动共同富裕。

参 考 文 献

[1] 贾安东、贾恒、李小宇、庞润弘：《乡村振兴重在加快农村基础设施建设——以肥城市社会主义新农村建设为例》，载《泰山学院学报》2022 年第 1 期，第 75 ~ 79 页。

[2] 秦小迪、吴海涛、侯小远：《农村基础设施对包容性绿色增长的影响：促进还是抑制？》，载《农林经济管理学报》2021 年第 6 期，第 721 ~ 729 页。

[3] 徐馨荷、黄敦平：《农村基础设施的减贫效应实证分析》，载《山西师范大学学报（自然科学版）》2020 年第 4 期，第 29 ~ 35 页。

[4] Dah Ollo and Bassolet Toussaint Boubié. Agricultural Infrastructure Public Financing Towards Rural Poverty Alleviation: Evidence from West African Economic and Monetary Union (WAEMU) States [J]. *SN Business & Economics*, 2021, 1 (2): 1 - 20

[5] Shahidur R. Khandker and Gayatri B. Koolwal. *Estimating the Long - Term Impacts of Rural Roads: A Dynamic Panel Approach* [W/P]. World Bank Policy Research Working Paper No. 5867, 2011.

[6] 周加来、方建、黄敦平：《农村基础设施能缩小城乡收入差距吗？——基于省际面板数据的实证分析》，载《重庆工商大学学报（社会科学版）》2020 年第 4 期，第 1 ~ 11 页。

[7] 何翔：《农村基础设施投资公平性与脱贫攻坚成果巩固关系研究——基于 2010—2019 省级面板数据的实证分析》，载《宏观经济研究》2021 年第 3 期，第 160 ~ 175 页。

[8] 陈垚、汪晓文、张国兴：《交通基础设施对农村减贫的门槛效应研究》，载《中国地质大学学报（社会科学版）》2021 年第 5 期，第 110 ~ 123 页。

[9] 罗贤禄、廖小菲：《农村基础设施对农业绿色生产效率的影响》，载《粮食科技与经济》2021 年第 2 期，第 33 ~ 36 页。

[10] 段玉柳、刘存生：《乡村振兴背景下农村医疗保障现状分析及改进策略》，载《农村经济与科技》2021 年第 20 期，第 233 ~ 235 页。

[11] 车路、吴婉宁：《精准脱贫背景下农村医疗保障制度的现状、问题及对策》，

载《广西质量监督导报》2020 年第 6 期，第 9 ~ 10 页。

　　［12］徐祯波：《农村能源建设在农业持续发展中的地位和作用研究》，载《中国农业文摘——农业工程》2020 年第 6 期，第 29 ~ 30 页。

　　［13］邹克、倪青山：《普惠金融促进共同富裕：理论、测度与实证》，载《金融经济学研究》2021 年第 5 期，第 48 ~ 62 页。

　　［14］胡祖光：《基尼系数理论最佳值及其简易计算公式研究》，载《经济研究》2004 年第 9 期，第 60 ~ 69 页。

　　［15］刘秉镰、武鹏、刘玉海：《交通基础设施与中国全要素生产率增长——基于省域数据的空间面板计量分析》，载《中国工业经济》2010 年第 3 期，第 54 ~ 64 页。

　　［16］高鸣：《中国农村人口老龄化：关键影响、应对策略和政策构建》，载《南京农业大学学报（社会科学版）》2022 年第 4 期，第 8 ~ 21 页。

　　［17］吕新博、孟宪勇、赵伟：《农村基础设施对动态多维减贫效应影响的实证》，载《统计与决策》2021 年第 22 期，第 77 ~ 80 页。

　　［18］黄正尧、朱俊琳：《云南农村基础设施建设现状及问题浅析——以云南宝山镇为例》，载《山西农经》2021 年第 22 期，第 105 ~ 108 页。

　　［19］范昕墨：《乡村振兴战略背景下的农村基础设施建设——基于公共经济学的视角》，载《改革与战略》2018 年第 9 期，第 70 ~ 73、96 页。

　　［20］周建华、何婷、孙艳飞：《新发展阶段农业农村基础设施建设逻辑与路径》，载《长沙理工大学学报（社会科学版）》2021 年第 6 期，第 94 ~ 99 页。

The Effect of Rural Infrastructure on Common Prosperity and Its Policy Implications

Wang Boqi[1]　　**Tang Lingling　Wang Xiaodi**[2]

（1. Dalian Maritime University School of Shipping Economics and Management, Dalian, 116026;

2. Shandong University of Finance and Economics, Shandong jinan, 250014）

Abstract: Common prosperity is the essential requirement of socialism, and rural areas are the most difficult area in the process of promoting common prosperity, and the development of rural areas cannot be separated from the construction of infrastructure. In order to investigate the effect of rural infrastructure construction on common prosperity, this paper uses the coupled coordination model to quantitatively measure the common prosperity index based on the panel data of 31 provinces (autonomous regions and municipalities directly under the central government) over 10 years, and constructs a dynamic panel model to test the mechanism of rural infrastructure construction on common prosperity using the systematic GMM method. The results show that rural transportation infrastructure, water conservancy infrastructure, health infrastructure, and energy infrastructure all have positive effects on common prosperity. Combining the different dimensions of the impact of the four types of rural infrastructure development on common prosperity and the regression coefficients, it can be seen that health infrastructure has the greatest impact on common prosperity, and rural infrastructure development affects common prosperity most through the production and human capital dimensions. Based on this, it is suggested that policy makers should classify and increase the investment and construction of rural infrastructure, broaden the sources of investment in rural infrastructure, improve the efficiency of infrastructure utilization, pay attention to the bottom-up investment decision-making mechanism, establish a performance assessment system for rural infrastructure, and coordinate the planning of urban and rural infrastructure construction.

Keywords: rural infrastructure; common prosperity; coupling degree cointegration model; policy optimization

资源型地区区域协调发展与共同富裕的实现[*]

资源型地区区域协调发展与共同富裕的实现*

李玲娥　李慧涛　胡壮程　石　磊　许琴琴**

李玲娥　李慧涛　胡壮程　石　磊　许琴琴**

【摘要】 高质量发展阶段促进区域协调发展、扎实推动共同富裕是我国重要的区域发展战略，区域协调发展是实现共同富裕的要求和重要路径。本文以资源型地区为研究对象，在界定和概括区域协调发展、共同富裕的一般内涵及两者相关性的基础上，归纳了资源型地区区域协调发展和共同富裕的特殊内涵及两者关系的特殊性。生产要素流动受基础设施、体制机制、中心城市功能影响显著，比较优势减弱、产业分工低端，城市群内部差异较大，发展机会与基本公共服务均等化难度大，面临生态治理挑战，是资源型地区区域协调发展的特殊内涵。城乡差距较大、公平与效率统一性不足、就业及生态问题突出，是资源型地区实现共同富裕的特殊含义。以国家资源型经济转型综改试验区山西省为例分析发现，资源型地区区域协调发展存在生产要素流动不畅、产业分工低端、城市群中心城市辐射带动作用不强、基本公共服务均等化程度低等不足，导致经济增长速度放缓、城乡居民人均可支配收入及基本公共服务水平差距明显，共同富裕程度较低。据此提出积极推进生产要素市场化改革、发挥政府和市场作用提升产业分工角色、打造山西省中部城市群、促进基本公共服务均等化的建议。

【关键词】 资源型地区　区域协调发展　共同富裕　山西省

一、引　　言

　　全面建成小康社会标志着我国第一个百年奋斗目标的实现，也标志着我国开启了全面建设社会主义现代化国家新征程。习近平总书记在党的十九届

---

　　* 基金项目：本文受到山西省哲学社科规划重点课题"贯彻落实习近平总书记视察山西重要讲话重要指示——山西经济高质量转型发展的体制机制改革创新研究"（项目编号：2020ZD018）、山西省哲学社会科学规划课题"资源型经济转型背景下山西省现代化经济体系评价指标体系构建研究"（项目编号：2018B067）、人社部留学人员科技活动项目择优资助重点项目"资源型地区转型路径的中外比较研究——以山西省与德国鲁尔区为例"（项目编号：[2015] 476）、山西省回国留学人员科研资助项目"资源型地区转型的决策体制机制中外比较研究——以山西省与德国鲁尔区为例"（项目编号：2015–074）和山西省高等学校教学改革创新项目"《政治经济学》课程的教学理念创新与实践探索"（项目编号：J20220531）的资助。

　　** 作者简介：李玲娥，女，汉族，山西财经大学经济学院教授、博士生导师，山西财经大学中国特色社会主义政治经济学研究中心主任。李慧涛，女，汉族，山西财经大学经济学院博士研究生。胡壮程，男，汉族，山西财经大学经济学院博士研究生。石磊，男，汉族，英国斯旺西大学理学硕士，长江证券上海分公司。许琴琴，女，汉族，山西财经大学经济学院博士研究生。

五中全会上强调我国的现代化是全体人民共同富裕的现代化。[①] 新发展阶段，我国的绝对贫困问题已经得到解决，到了扎实推动共同富裕的历史阶段。[②] 区域协调发展作为新时代国家重大战略之一，既是共同富裕的内在要求又是重要实现路径。资源型地区是以资源型产业为主导产业的特殊类型区域，为保障国家能源安全、推动国民经济发展发挥了重要作用。但由于长期过度依赖自然资源、发展基础弱、市场化程度低等原因，我国资源型地区的区域协调发展与共同富裕表现出一定的特殊性。如资源型地区常固化于产业链的低端，发展相对落后，城市群中心城市辐射带动作用弱，城乡发展差距大，基本公共服务均等化程度低等。资源型地区在我国占有较大比重，在新时代、新阶段关注资源型地区的区域协调发展问题，通过协调区域发展促进资源型地区共同富裕，对于第二个百年奋斗目标的实现具有重要意义。本文对区域协调发展、共同富裕的一般内涵及资源型地区的特殊内涵进行界定和概括，分析区域协调发展与共同富裕的相关性及其在资源型地区的特点，以典型资源型经济省份、国家资源型经济转型综合配套改革试验区山西省为例，分析资源型地区区域协调发展与共同富裕的现状，并提出相应的对策建议。

二、相关研究进展

（一）区域协调发展的一般内涵及其在资源型地区的特殊内涵研究综述

1. 区域协调发展的一般内涵研究综述

学术界关于区域协调发展的内涵，看法并不统一。协调发展是通过产业结构调整、高技术发展、清洁生产等实践措施，实现环境质量与社会福祉改善，达到经济、社会和环境共同利益最大化（Yang et al. , 2014）。区域协调发展以区域优势有效发挥，合理分工、具有特色的产业结构，人与自然和谐发展，人均居民收入差距逐步缩小并处于合理范围，基本公共服务均等化和生活质量等值化，人口、经济、资源、环境协调发展为判断标准（魏后凯、高春亮，2011）。在既定条件下，各地区发展机会趋于均等，发展利益趋于一致（徐康宁，2014）；区域间经济联系紧密，要素流通顺畅（庞玉萍、陈玉杰，2018）。区域协调发展狭义上着力缩小区域间经济发展差距，广义上追求区域间人均 GDP 差距缩小、经济发展与自然承载力相适应、经济发展的比较优势得以发挥、基本公共服务均等化（樊杰、赵艳楠，2021）。进入

[①]　习近平：《把握新发展阶段，贯彻新发展理念，构建新发展格局》，载《当代党员》2021 年第 10 期，第 5 页。

[②]　习近平：《扎实推动共同富裕》，载《中国民政》2021 年第 20 期，第 4 页。

新时代，区域协调发展以增进民生福祉为根本宗旨，以地区比较优势充分发挥和地区发展差距逐步缩小为核心，以地区基本公共服务均等化、基础设施通达程度比较均衡、人民基本生活保障水平大体相当为基本保障，以更加有效的区域协调发展机制为制度保障（赵霄伟，2021）。

2. 资源型地区区域协调发展的特殊内涵研究综述

资源型地区由于以资源开采为主要产业，导致其在区域协调发展方面表现出一定的特殊性。资源型地区区域协调发展需要处理好一系列关系，包括资源开发与城市建设、科技进步的关系，主导产业与支柱产业、接替产业的关系，资源利用与资源、环境保护的关系，城市与大企业、工业建设与基础设施配套、城市化与乡村振兴的关系等（周长庆，1994）。资源型经济的协调发展必须融入国家区域协调发展战略布局，构建以城市群为主体的城镇格局，实施乡村振兴战略（李玲娥，2022）。协调好城市与工业的关系是中国资源型城市迫切需要解决的问题（Li et al.，2015）。资源型地区城市与乡村对资源利用的单一性导致城乡二元经济结构形成，并强化了城乡在发展上的孤立性与城市对乡村资源的"侵占"，引起城乡发展失调（何邕健、毛蒋兴，2008）。城市化水平低、产业重型化、农民增收困难、对乡村和农户固定资产投资比例降低是阻碍城乡协调发展的重要因素（张仲伍等，2010）。应将资源型产业与非资源型产业的协调均衡发展作为山西实现转型跨越发展的突破口（刘晓明、赵旭强，2014）。

（二）共同富裕的一般内涵及其在资源型地区的特殊内涵研究综述

1. 共同富裕的一般内涵研究综述

共同富裕内涵丰富，不同学者从不同侧重点对共同富裕的内涵进行了界定。"共同富裕社会"与"小康社会"相衔接，是社会主义现代化建设奋斗目标，以人的自由全面发展和全体人民共享社会发展成果为价值取向，在社会主义基本经济制度下进行，并不是平均主义社会和福利过度的社会（吴忠民，2021）。共同富裕是中国特色社会主义基本经济制度的自然逻辑延伸，建立在生产力发展、综合国力增强的基础上，是高质量发展状态和过程的统一，是当前和长远目标的统一（刘培林等，2021）。共同富裕是社会主义的本质要求，是全体人民的、全面的、共建的、渐进的富裕（Wang and Zhang，2022）。共同富裕的主体是全体中国人民，涉及政治、经济、文化、社会、生态等维度，具有渐进性，承认相对差异，是共创与共享的有机统一（周文、施炫伶，2022）。共同富裕是效率与公平的辩证统一，鼓励勤劳创新致富、先富带后富，关注机会和过程公平，把保障和改善民生建立在经济发展和财力可持续基础之上（刘元春、刘晓光，2021）。"共同富裕"对政府部门和普通中国公民都有吸引力，依赖于党的力量来执行，具有可持续性

（Collier，2022）。共同富裕以人民为中心，必须把重点放在贫困人口上（Kakwani et al.，2022）。

2. 资源型地区共同富裕的特殊内涵研究综述

资源型地区的特殊性，使其共同富裕的内涵具有一定的特殊性。资源型地区企业增加值中人工成本所占的比重低、城乡居民收入增速慢、人均消费支出低（郭志栋，2017）。如煤矿开采给矿区生活的农民带来生态失衡、粮食减产等影响（董江爱、李利宏，2010）。资源收益更多惠及资源型地区人民，矿区居民应该比其他地区居民从矿产资源开发中分享到更多的收益；加强资源型地区的精神文明建设，实现资源型地区个人的全面发展是资源型地区治理中共同富裕的特殊内涵（李利宏、董江爱，2016）。生态环境污染与资源财富不能惠及广大民众是资源型地区深远、特殊的民生问题（王保忠等，2013）。

（三）区域协调发展与共同富裕的相关性研究综述

区域协调发展是共同富裕实践的重要方面。新中国"共同富裕"理念的提出可以追溯到1953年发表于《人民日报》的文章《社会主义的道路是共同富裕的道路》，此文发表四天后中国共产党发布了毛泽东主席领导起草的《关于发展农业生产合作社的决议》，该决议将"共同富裕"作为中国社会主义建设的目标（Dunford，2022）。当前，地区差距不断扩大是我国实现共同富裕所面临的重要挑战（胡鞍钢，2022）。区域协调发展既是走向共同富裕的条件和要求（张秀生、黄鲜华，2018；陈耀，2022），又是实现共同富裕的重要内容（刘培林等，2021），也是我国实现共同富裕的重要路径（段娟，2017）。实现全体人民共同富裕是推动区域协调发展的目标和归宿（庞丹等，2022）。新发展阶段共同富裕赋予了区域协调发展高质量性、人民性和尊重经济规律性的新内涵特征（陈健，2022）。缩小区域差距与实现共同富裕目标所需要的政策举措体系具有高度相似性与关联性（蔡之兵等，2022）。

（四）资源型地区区域协调发展与共同富裕的现状研究综述

1. 资源型地区区域协调发展的现状研究综述

从工业化、信息化、城镇化和农业现代化视角看，中国的协调发展水平较低，存在显著的区域差异（Li et al.，2014）。庆阳、金昌、白银等资源型城市发展证明，中国不同类型的资源型城市之间存在差异，但都存在经济发展不协调问题，以优势资源为中心的、单一的产业结构一定程度上抑制了经济增长（Lu et al.，2019）。山西省内区域之间不均衡现象较为严重，11个地级市中太原市发展水平最高，大同、晋城、晋中和朔州发展水平中等，阳泉和忻州发展水平较低（郗晋华，2020）。山西省晋城市各县市之间的城乡一体化综合水平差异较小（白雪，2021）。陕西省也是资源型经济省份，区域经济协调发展水平的空间差异显著，整体协调性较好的是关中地区，陕南和陕北地区经济、社会、生态环境协调性不足，陕北地区经济发展和生态环境之间严重不协调（吴溥峰、马颖慧，2021）。

2. 资源型地区共同富裕的现状研究综述

由于长期粗放式开发和统筹规划不足，随着资源逐渐衰减，一些煤炭资源型地区出现经济结构失衡、替代产业发展不足、失业人口及贫困人口基数大、生态环境恶化等影响经济、社会和生态可持续发展的问题（王倩，2020）。资源型地区就业压力大，安全生产形势严峻，劳动保障在国有改制企业和规模以上企业与非公有制中小企业之间存在"两极化"倾向（郑延涛、孙磊，2010）。资源型地区在去产能过程中，主导产业就业弹性不断降低，接续产业发展缓慢，职工职业技能偏窄，地方财力有限、职工安置工作推进乏力，整体就业形势严峻（孙磊，2018）。采煤沉陷区面临贫富差距扩大、生态破坏等问题，这些问题迫切需要解决（于左等，2009）。鄂尔多斯由于自然资源的开发出现经济失衡、基础设施建设不均衡、社会福利分配不公平等情况，不利于实现共同富裕（郝丽芬，2013）。一些资源型地区资源产权制度不科学、利益分配机制不合理、政府职能转变滞后（陈晓燕、董江爱，2014），民生缺失、民主缺位造成利益失衡和贫富分化（董江爱、王慧斌，2014）。个体煤商和地方政府及其官员在特定情况下违背公共利益，偏离共同富裕目标（董江爱、陈晓燕，2014）。

（五）加快区域协调发展促进共同富裕的路径与对策

加快区域协调发展促进共同富裕实现，应以中国新时代区域协调发展的三大目标[①]为导向（刘应杰等，2022）。以加强市场主导和政府引导、自主创新和科技富民为原则，建立健全城乡融合发展机制，加快现代化都市圈建设（庞丹等，2022）。提高区域政策协调平衡性，提高城镇化战略和乡村振兴战略的协同性，推进产业协调发展、企业协调发展，着力发展实体经济，重视企业社会责任（黄群慧，2022）。通过产业融合发展提升城乡发展协调，通过沿江城市群的发展构建省域一体化发展格局（范从来等，2021）。加强地区之间的转移支付（李海舰、杜爽，2021），发挥各地区动态比较优势，形成协同联动、合作共赢的区域经济布局，推动共同富裕（董雪兵，2021）。2015 年联合国成员国代表提出，人类共同富裕的关键在于城市的共同富裕，城市通过多维度、多要素、多层次的发展，通过促进科学的创新和传播，缩小城市之间的差距来实现共同富裕（Ni et al.，2020）。资源型地区共同富裕

---

① 新时代区域协调发展的三大目标是指：实现基本公共服务均等化、基础设施通达程度比较均衡、人民基本生活保障水平大体相当。

的实现方式，一是坚持公有制的主体地位，发展集体经济；二是建立先富带后富机制；三是完善社会保障制度（李利宏、董江爱，2016）。资源型地区先富带动共富的发展路径，以煤补农是缩小两极分化的策略选择，坚持公有制的主体地位是实现共同富裕的根本出路（董江爱、陈晓燕，2014）。为实现共同富裕目标，资源型地区政府应建立科学的资源产权制度、科学合理的资源补偿机制、制度化的资源收益共享机制以及矿区农村公共产品和服务的多元化供给机制（陈晓燕、董江爱，2014）。促进山西省区域协调发展的对策是改造主导产业、挖掘服务业潜力和加强民生保障（郗晋华，2020）。可以通过经济以及人民生活水平、公共基础设施和生态环境保护等各方面的协同发展提升城乡一体化水平、缩小城乡差距，推动晋城市区域协调发展（白雪，2021）。

（六）研究总评

资源型地区作为一个特殊类型区域，不仅是我国区域协调发展战略不可缺少的一部分，也是我国实现共同富裕目标不可或缺的一类地区。现有研究主要关注区域协调发展与共同富裕的内涵，以及区域协调发展与共同富裕相关性的研究，而对于资源型地区区域协调发展和共同富裕的特殊内涵，以及资源型地区区域协调发展与共同富裕相关性的特点缺乏分析。本文以资源型地区为对象，对资源型地区区域协调发展与共同富裕的特殊内涵进行界定，并对资源型地区区域协调发展与共同富裕的特殊相关性进行分析，以山西省为例进行实证分析，并提出相应的建议，可以弥补现有研究的不足，对于促进资源型地区区域协调发展和实现共同富裕具有一定的实践价值。

三、资源型地区区域协调发展与共同富裕的相关性

（一）区域协调发展的一般内涵及其在资源型地区的特殊内涵

党的十九大报告提出实施区域协调发展战略，对我国区域"四大板块"、经济带、特殊区域、"问题区域"、城市化发展等作出了部署[1]，提出支持资源型地区经济转型发展的战略安排。综合国家的指导思想及学术界的相关研究，笔者认为区域协调发展是在一定的区域范围内，生产要素能够在地区间顺畅流动，各地区依据其比较优势进行合理分工、发展特色产业，形成地区之间优势互补、发展机会均等、经济差距保持在合理范围、区域经济发展与自然承载力相适应、居民均能够享受到均等化的基本公共服务与基本生活保

---

[1]　孙久文：《论新时代区域协调发展战略的发展与创新》，载《国家行政学院学报》2018 年第4 期，第 113～114 页。

障的状态。具体来讲，区域协调发展的内涵包含六个方面：第一，生产要素在各地区间顺畅流动；第二，区域间进行合理的分工与合作；第三，各地区发展机会均等；第四，基本公共服务均等化；第五，地区间经济差距合理；第六，自然生态可承载经济和社会发展。

资源型地区区域协调发展存在一定的特殊性。受资源型产业影响，资源型地区区域协调发展的特殊性更多体现在由资源型经济特性所引起的区域特性。第一，资源型地区的区域协调发展，既包括资源型地区与非资源型地区的协调发展，也包括资源型地区内部城乡协调发展及城市群协调发展。第二，资源型地区生产要素流动受交通通信等基础设施、体制机制以及中心城市的辐射作用等因素影响显著。资源型地区交通、通信及新型基础设施建设相对落后，随着资源型经济转型的推进，既有设施已无法满足高质量发展的需求。我国资源型地区多以国有企业为主，受传统经济体制影响深刻，市场机制的作用微弱[①]。资源型城市邻近的中心城市如果处于工业化中后期，那么会产生虹吸效应，吸引周边的生产要素不断向中心城市汇聚，从而阻碍资源型城市转变经济发展方式，不利于实现转型升级[②]。第三，资源型地区资源禀赋比较优势逐渐减弱，在分工体系中处于低端。工业化进入中期阶段后，高加工度和高附加值产业成为工业化的主导力量，资源型地区自然资源禀赋比较优势减弱。同时，资源型地区与其他地区多为纵向分工，在工业化进入以产业内产品间分工协作为主要分工形式的高加工度阶段后，资源型地区的产业体系难以融入产业内分工[③]体系。[④] 资源型地区城市群内部各城市间产业结构相似且单一，分工协作不足。第四，资源型地区发展机会均等化难度较大。由于资源型经济的特性，使得资源型地区存在非资源型产业及中小企业被挤出、非生产性寻租等特殊的均等化问题。[⑤] 第五，资源型地区基本公共服务均等化难度大。资源型地区多因矿而兴、因矿建城，受传统计划经济体制时期"先生产、后生活""重生产、轻消费"的观念影响，基本公共服务缺失问题非常突出。随着开采时间延长，资源枯竭问题日益凸显，资源型地区矿工下岗及矿区失业问题日益严峻。第六，资源型地区与较发达地区之间、资源型地区的城乡之间以及城市群内部城市之间存在较大的经济差距，面临着缩小地区差距的巨大挑战。资源型地区的支柱产业单一、接替产

① 李玲娥：《构建资源型地区转型发展体制机制创新模式》，载《前进》2020 年第 7 期，第 46 页。

② 张荣佳、付琳、孙晓华：《地理区位、经济区位与资源型城市产业转型》，载《宏观经济研究》2022 年第 7 期，第 92 页。

③ 产业内分工，指分工发生在同一个产业部门内部，是同类差异化产品之间的分工。

④ 李伟：《产品内分工与资源型地区的产业转型战略》，载《经济问题》2007 年第 11 期，第 33 页。

⑤ 景普秋：《资源型地区经济增长动力构成及转换研究》，载《南开学报：哲学社会科学版》2016 年第 3 期，第 128 ~ 129 页。

业发展乏力、产业结构偏重型化等影响经济的可持续发展及社会稳定，与新型工业化的目标存在较大差距，[①] 与较发达地区的经济发展也存在着较大差异和差距，且对外开放水平低，与其他地区优势互补、协调发展不够。资源型地区城乡相互孤立，各自发展动力不足。城市群内部各城市间受资源型城市发展阶段、政策倾斜效应、交通区位等因素影响，经济发展存在较大差距。第七，资源型地区面临着生态治理挑战。由于资源型地区长期进行粗放式资源开采，植被破坏、地表塌陷、水体污染等一系列生态环境问题亟须解决。

（二）共同富裕的一般内涵及其在资源型地区的特殊内涵

实现全体人民共同富裕是社会主义的本质要求，是我国全面建成社会主义现代化国家的重要内容。以习近平总书记重要论述为指导，综合已有研究，笔者认为共同富裕是以"人的自由全面发展"和"全体人民共享发展成果"为价值取向，在社会主义基本经济制度条件下，在生产力发展、综合国力增强的基础上，全体中国人民共创共享，通过勤劳创新致富，先富带后富，逐步达到全体人民普遍生活富裕、精神富足、生态富美、社会和谐、公共服务体系完善的社会状态。具体来讲，共同富裕包含以下内涵：第一，社会整体达到富裕水平。如人均可支配收入要达到高收入水平的 70% 以上[②]，基本公共服务达到发达国家水平等。第二，贫富差距合理。共同富裕不是平均主义，而是地区差距、城乡差距与群体收入差距不断缩小，贫富差距控制在合理区间的普遍富裕。[③] 第三，共同富裕是共建共享的统一。党的十八届五中全会提出了共享发展理念，共建共享就是"人人参与、人人尽力、人人享有"。我国是社会主义国家，以人民为中心是中国特色社会主义的根本立场，发展为了人民、发展依靠人民、发展成果理应由人民共享。第四，共同富裕是公平与效率的统一。鼓励勤劳创新致富，先富带动后富，注重机会公平与过程公平，反对平均主义。第五，全面富裕。共同富裕不仅指经济方面，还体现在政治、文化、社会、生态等各个方面，是人民对高品质美好生活需求的反映。

资源型地区共同富裕的特殊内涵体现在以下几方面：第一，资源型地区城乡之间贫富差距较大，且形成原因复杂。资源型地区存在资源性贫富差距、地区性贫富差距、行业性贫富差距和阶层性贫富差距，各贫富差距之间

---

① 李玲娥：《略论资源型城市转型及可持续发展的路径——以山西为例》，载《经济问题》2011 年第 12 期，第 45 页。

② 李军鹏：《共同富裕：概念辨析，百年探索与现代化目标》，载《改革》2021 年第 10 期，第 14 页。

③ 李军鹏：《共同富裕：概念辨析，百年探索与现代化目标》，载《改革》2021 年第 10 期，第 12～13 页。

相互交织、相互影响,[①] 增加了资源型地区贫富差距的复杂性。第二,就业问题是资源型地区共建共享方面的突出问题。资源型地区存在因资源枯竭、资源型产业发展波动导致规模性失业的风险,大量下岗矿工的救助、再就业问题成为资源型地区共建共享的特殊性问题。第三,资源型地区公平与效率的统一性有待提高。资源型地区市场化程度低,营商环境较差,民营企业和小微企业没有享受到公平发展的机会,面临融资难、市场进入难、政策落实难等困境,创新致富动力及市场活力不足,影响到资源型地区生产效率的提高。同时,丰裕的自然资源容易引致寻租行为,影响公平与效率的统一。自然资源开采的负外部性对矿区居民生产生活造成严重影响而并未收到相应补偿,存在资源收益分配不公、资源财富不能惠及广大民众的非公平现象。第四,资源型地区生态短板突出。资源型产业长期粗放开采带来的生态问题严峻,不能满足新发展阶段资源型地区人民对美好生活的需求。

（三）区域协调发展与共同富裕的相关性及其在资源型地区的特殊表现

1. 区域协调发展与共同富裕的相关性

区域协调发展与共同富裕具有密切的相关性。区域协调发展是共同富裕的要求和实现路径,共同富裕是区域协调发展的目标和归宿。第一,区域协调发展有利于缩小贫富差距、提高共同富裕的程度。各地区的资源禀赋、生产要素价格、技术发展水平、生产管理方式等存在差异,生产要素的顺畅流动提高了资源的配置效率,有利于企业生产成本的降低、技术扩散和管理方式的学习交流,对于各地区生产力的提高和共同富裕的实现具有积极作用。同时生产要素在各地区间顺畅流动,有利于极化效应[②]与扩散效应[③]的形成,促进增长极的形成与发展,进而辐射带动周边地区发展,促进贫富差距的缩小、推动共同富裕的实现。第二,区域分工合作与各地区发展机会均等有利于共建共享。根据比较优势理论,各地区集中生产并出售具有比较优势的产品,购进处于相对劣势的产品,可节省劳动时间,获得因专业化分工带来的劳动生产率提高的好处。区域之间分工协作,可通过优势互补共享发展成果。第三,各地区发展机会均等有利于实现公平与效率的统一。各地区享有均等的发展机会保证了市场公平,有利于激发市场主体参与生产活动的积极性,有利于市场机制更好地配置资源,促进经济效率的提高,是公平与效率

---

① 梁姗姗、杨丹辉:《资源型地区城乡收入差距的变化及原因分析——以山西省为例》,载《现代管理科学》2018 年第 3 期,第 64 页。(详细解释请参考:于立等:《资源性贫富差距与社会稳定》,载《财经问题研究》2007 年第 10 卷,第 3~8 页。)

② 周围地区的生产要素和经济活动不断向增长极集中,从而加快增长极自身的发展。

③ 位于经济扩张中心的周围地区会随着扩张中心基础设施的改善等,从中心地区获得资本、人才等资源,从而促进本地区的发展,逐步赶上中心地区。

相统一的体现。第四，基本公共服务均等化、经济差距合理、生态可承载，既是区域协调发展的内涵，也是共同富裕的题中之义。基本公共服务均等化与经济差距合理既是贫富差距缩小的体现，又是共建共享、公平与效率统一的保证，生态可承载是区域协调发展和全面富裕的重要方面和表现。由此可见，推动区域协调发展有利于共同富裕的实现。

2. 区域协调发展与共同富裕相关性在资源型地区的特殊表现

（1）生产要素流动对资源型地区共同富裕的促进作用不显著。首先，资源型地区生产要素流动对缩小贫富差距的作用微弱。从城乡生产要素流动来看，由于资源具有稀缺性和可耗竭性特点，致使资源部门发展具有阶段性特点，资源部门对农村劳动力的吸纳有限，而且城乡之间、矿区与乡村之间相对孤立，造成城乡贫富差距较大。从城市群发展来看，资源型城市受城市布局、体制机制、交通通信基础设施等因素影响，生产要素向中心城市的流动不顺畅，影响了城市群的发展。同时，中心城市的辐射带动作用较弱，对缩小城市群各城市间差距的作用不显著。其次，资源型地区的客观现实造成生产要素的流入较为困难。资源型地区与非资源型地区相比，市场发育程度低、经济发展落后，不仅先进生产要素的流入难，而且资金、技术、人才存在流出现象，尤其是人才流出较为严重，不利于资源型地区共同富裕程度的提高。

（2）产业分工低端和发展机会不均等对资源型地区区域共建共享影响突出。在区域分工中资源型地区经济处于垂直分工的底层，主要为其他地区提供资源型产品，经济收益低，不利于资源型地区共享的实现。资源型省份内部各地区间产业结构相似，均偏重于资源型产业，在路径依赖作用下制造业被挤出，产业结构转型升级比较困难，不利于资源型地区从工业化、现代化中共享发展成果，影响了可持续发展。

（3）发展机会均等是资源型地区实现公平与效率统一的关键。在经济发展中，资源型地区民营企业和矿区居民在发展机会上不均等。民营企业在融资等营商环境方面面临阻碍，矿区居民面临资源开采的负外部性所带来的生产生活条件遭受破坏的处境。因此，发展机会的不均等不利于公有制经济与非公有制经济的平等竞争和发展以及矿区居民对发展成果的共享，从而影响到资源型地区公平与效率统一及共建共享的实现。

（4）基本公共服务均等化是缩小区域差距、实现共建共享及公平与效率统一的重要保证。资源型地区为国家经济建设做出了巨大贡献，但在教育、医疗、社会保障、就业等基本公共服务方面发展较为落后、且不均衡，不能分享国家的发展成果，也不能体现公平与效率的统一，是实现区域协调发展与共同富裕的主要制约因素。

（5）补足生态短板是资源型地区实现全面富裕的重要一环。资源型地区生态环境问题严重，是实现全面富裕的突出短板，深刻影响了资源型地区人民对高品质生活的追求。加大生态环境治理力度、加快生态补偿机制建设，是资源型地区实现区域协调发展与全面富裕的重要举措。

四、资源型地区区域协调发展与共同富裕的现状：以山西省为例

山西省以煤炭开采及加工为主导产业，11 个地级市中有 10 个为煤炭资源型城市，是全国重要的能源供应基地和国家资源型经济转型综合配套改革试验区，以山西省为例对资源型地区区域协调发展和共同富裕进行分析具有典型性和代表性。本文的分析只限于山西省省域范围，不涉及山西省与省外的区域协调发展及共同富裕的实现。

（一）生产要素流动不畅，共同富裕程度低

1. 城乡生产要素流动不畅，城乡收入差距拉大

城市往往资本和技术要素比较充裕，农村则相对缺乏；而城市的土地、劳动力要素相对缺乏，农村则相对丰裕。故生产要素在城乡之间流动有利于城市积极利用农村的剩余劳动力和农村集体经营性建设用地，促进城市更好地发展，也有利于农村积极利用城市的资本和先进技术，实现农业现代化、搞好新农村建设，缩小城乡差距，最终促进共同富裕。

但在现实中，山西省城乡之间生产要素流动不畅，是导致城乡居民可支配收入差距不仅没有缩小、反而不断扩大的一个重要原因。在劳动力市场，农村劳动力向城市转移受到农村户籍制度等的制约，农民工在城市的教育、医疗、社会保障等基本权利未能得到保护，这使得农村劳动力市民化程度低、收入水平低。在土地市场，存在农地不能得到有效流转的现象，致使农业规模化经营困难，同时城市建设用地不足，限制了城市的发展规模。在资本市场，城市资本难以参与土地经营权的流转，无法促进农业规模化经营，也使得广大农村的资本较为匮乏。2018～2020 年，山西省不含农户的固定资产投资增长率为 5.7%、9.3%、10.6%，而同时农村农户的固定资产投资增长率为 -19.1%、-30.6%、-31.6%，形成了鲜明对比。[①] 2001～2020 年山西省城乡居民人均可支配收入不断提高，但是城乡居民的收入差距却在不断扩大，如图 1 所示。

2. 城市间生产要素流动不畅，城镇化水平差距大、中心城市的辐射带动作用弱

破除市场壁垒、促进生产要素在不同城市之间自由流动，既有利于生产要素在相邻城市中实现集聚，实现资源最优配置，提高经济效率，又有利于中心城市发挥扩散效应，带动其他城市的发展，从而促进区域之间协调发

---

① 数据来自于国家统计局官方网站：http://www.stats.gov.cn/tjsj/，2022 年 8 月 10 日。

展，缩小地区差距，实现共同富裕。

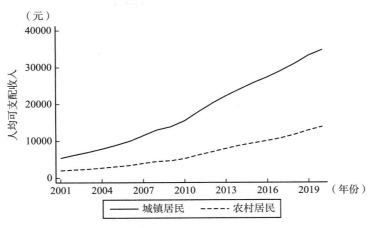

图1　山西省城乡居民人均可支配收入

资料来源：笔者根据历年《山西省统计年鉴》的数据绘制。

山西省内不同城市由于受到社会和经济发展基础、经济体制和市场化程度、发展观念等因素影响，城镇化水平差距较大，中心城市的辐射带动作用较弱。2001～2020年，山西省城镇化率①从35.09%上升到62.53%，增长了27.44%，城镇化发展速度较快。但是，和全国的城镇化水平相比，山西省的城镇化水平始终低于全国平均水平。在省域内，各地级市的城镇化水平差异较大，2020年全省城镇化水平最高的三个城市是太原、大同和阳泉，城镇化率分别为89.06%、72.69%和71.23%，而吕梁、临汾和运城则是城镇化率最低的三个城市，分别为53.31%、53.17%和49.27%。城镇化率最高的太原市和城镇化率最低的运城市相差39.79%，差距明显（见图2）。

山西中部城市群②的发展现状，一是太原市作为中心城市，和其他省会城市相比其经济实力较弱，对周边城市的带动作用不强。如我国中部地区省会城市2020年地区生产总值，太原、武汉、长沙、郑州、合肥、南昌分别为4153亿元、15616.1亿元、12142.52亿元、12003.04亿元、10045.7亿元、5745.5亿元，太原市与其他城市的差距非常明显，影响其辐射带动作用。③ 二是城市群内部发展不平衡，太原、晋中、忻州、吕梁和阳泉这五个城市的经济发展差距较大。2020年地级市的地区生产总值，太原市为4153

① 本文用城镇常住人口比常住人口来代表城镇化率，主要反映的是人口的城镇化，并没有考虑户籍的城镇化水平。

② 山西中部城市群主要涉及太原、晋中、忻州、吕梁、阳泉五个地级市。

③ 资料来源：各省统计年鉴。

亿元，位列全省第一，忻州和阳泉分别为 1034 亿元、742 亿元，位列全省最后两位。[①] 2020 年地级市市区的地区生产总值，太原市市区为 3805 亿元，是全省之最，而忻州、吕梁市区分别为 169 亿元和 155 亿元，处在全省最后两位。[②]

图 2　山西省城镇化率和全国城镇化率
资料来源：笔者根据历年《中国统计年鉴》和《山西省统计年鉴》的数据绘制。

3. 产业间劳动力流动不畅，产业结构不协调

山西省第一产业的就业人口相对较多但产值相对较低，第二产业是经济发展的主导产业，产值和就业的占比均比较大，第三产业份额不断扩大但发展相对落后。山西省三次产业的增加值占比和就业占比不相协调，生产要素在产业之间没有得到合理配置。2001～2020 年，山西省三次产业的增加值占比和就业占比均呈现出第一产业不断下降、第二产业先上升后下降、第三产业持续上升的情况，这基本符合工业化演进的规律。但是，三次产业的增加值占比和就业占比的差异却较为明显，其中第一产业的就业占比远大于其增加值占比（见图 3）。2020 年山西省第三产业增加值在地区生产总值中的占比为 51.2%，同时全国第三产业增加值在地区生产总值中的占比为 53.3%。[③] 可见，山西省第一产业劳动生产率较低、存在剩余劳动力，第三产业发展相对落后，生产要素配置效率有待提高，产业结构有待优化。

---

①② 　资料来源：《山西省统计年鉴》。
③ 　资料来源：《山西统计年鉴》和《中国统计年鉴》。

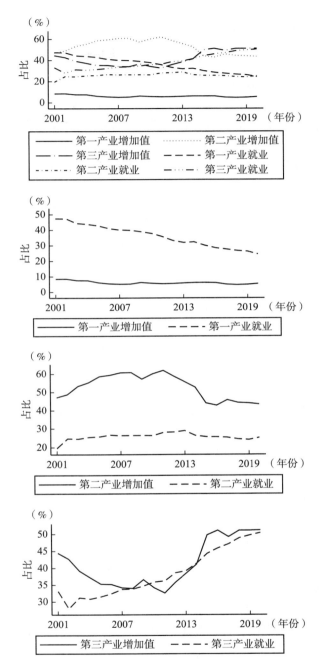

图3　山西省三次产业增加值结构和就业结构

资料来源：笔者根据历年《山西省统计年鉴》的数据绘制。

（二）产业分工低端，共建共享程度低

山西省作为煤炭资源丰富的地区，其工业结构一直以资源部门[①]为主，地区经济深受资源部门影响。2012 年之前，我国工业化飞速发展，对资源的需求不断扩大，在此形势下山西省的资源部门不断扩大，地区生产总值也实现了较快增长，2012 年山西省资源部门的产值在工业产值中的占比超过了50%，达到峰值（见图4）。2012 年以后我国受国际金融危机以及前期刺激性财政政策调整的影响，经济增长速度逐渐放缓，经济进入中高速增长的新常态，国民经济对资源的需求出现回落，资源型地区的资源部门开始收缩，山西省地区生产总值增长速度也开始逐渐下降，2001～2012 年山西省地区生产总值平均增长率为 10.14%，而 2013～2020 年山西省地区生产总值平均增长率为 5.20%。[②] 同时由于资源部门的技术水平较低，资源部门为主的产业结构自然不利于资源型地区的技术进步，因此阻碍了山西省地区经济的长期发展，从根本上不利于山西省共同富裕的实现。

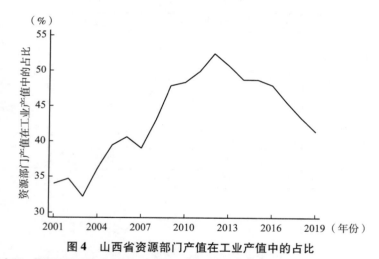

图4　山西省资源部门产值在工业产值中的占比

资料来源：笔者根据历年《中国工业经济统计年鉴》的数据绘制。

另外，资源型地区的制造业始终是以资源密集型制造业为主。2001～2019 年，山西省资源密集型制造业产值在制造业产值中的比重始终维持在

[①]　本文对资源部门的界定，除了采矿业之外，借鉴了邵帅、杨莉莉（2011）的做法，将工业中的电力、热力、燃气生产和供应业也划入资源部门，制造业部门则是工业中的其他部门。参见邵帅、杨莉莉：《自然资源开发、内生技术进步与区域经济增长》，载《经济研究》2011 年第46 卷 S2，第 114 页。

[②]　资料来源：笔者根据《山西统计年鉴》的数据计算得到。

60%左右，远高于劳动密集型和资本密集型制造业的产值比重①（见图5）。但资源密集型制造业无法吸收大量的劳动力，使得资源密集型制造业为主的制造业结构无法有效提高山西省人民生活水平。同时，资源密集型制造业又多数是以国有企业为主，民营经济发展薄弱，致使山西省共建共享程度低。

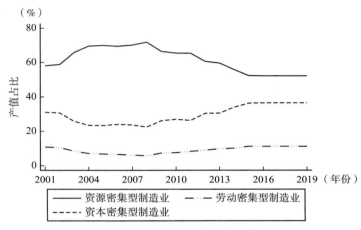

图5　山西省制造业内部结构

资料来源：笔者根据《中国工业经济统计年鉴》的数据绘制。

（三）基本公共服务均等化程度低，公平与效率统一性不足

基本公共服务均等化有利于统筹公平和效率之间的关系，有助于资源型地区实现共同富裕。山西省的基本公共服务建设相对滞后，普遍低于全国的平均水平。2010～2020年，山西省普通高等学校招生人数平均增长率为1.98%，而同期全国普通高等学校招生人数平均增长率为2.26%；卫生机构平均增长率为0.17%，而同期全国卫生机构平均增长率为0.58%。② 随着城镇化的不断发展，公共服务的资源逐渐向城市集聚，城乡的基本公共服务水

---

① 资源密集型制造业主要包括：石油加工、炼焦及核燃料加工业，非金属矿物制品业，黑色金属冶炼及压延加工业，有色金属冶炼及压延加工业，金属制品业。

劳动密集型制造业主要包括：农副食品加工业，食品制造业，饮料制造业，烟草制造业，纺织业，纺织服装、鞋帽制造业，皮革、毛皮、羽毛（绒）及其制品业，木材加工及木、竹、藤、棕、草制品业，家具制造业，造纸及纸制品业，印刷业和记录媒介的复制，文教体育用品制造业，其他制造业，废弃资源和废旧材料回收加工业。

资本密集型制造业主要包括：化学原料及化学制品制造业，橡胶和塑料制品制品业，通用设备制造业，专用设备制造业，交通运输设备制造业，电气机械及器材制造业，通信设备计算机及其他电子设备制造业，仪器仪表及文化、办公用品机械制造业。

② 资料来源：国家统计局官方网站：http：//www.stats.gov.cn/tjsj/。

平差距明显，比如城乡卫生人员数差距不断扩大（见图6）。① 省内城市之间基本公共服务的差别也很明显，省会城市太原集中了最优质的基本公共服务。2020 年太原市区普通中小学校数在所有市区中的占比超过 22%，是各市区中最多的，而吕梁、晋中、晋城的市区普通中小学校数在山西省的占比均不超过 5%。② 2020 年太原市区医院数在全省所有市区中的占比超过 20%，在各市区中也是最多的，而吕梁、晋中、忻州的市区医院数的占比均小于5%。③ 山西省社会保障水平不断提高，2001～2020 年，省财政社会保障支出在地区生产总值的占比从 1.51% 上升到 4.59%，医疗参保人数覆盖率从4.77% 上升到 92.97%。④ 但是，省内区域之间存在明显差距，2020 年地级市社会保障支出在一般预算公共支出中的占比，大同市最高，为 18.42%，吕梁市最低，为 11.43%，两者相差近 7 个百分点。⑤ 就业情况不断改善，山西省就业人口和地区常住人口的比值从 2005 年的 44.71% 上升到 2020 年的49.79%。⑥ 但省内区域间差别较大，2020 年地级市就业人口和地区常住人口的比值，晋城市最高，为 59.34%，大同市最低，为 47.01%，两者相差12 个百分点。⑦

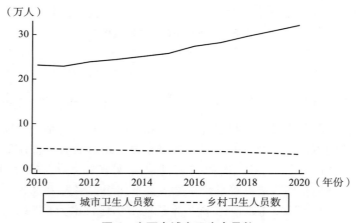

图6　山西省城乡卫生人员数

资料来源：笔者根据国家统计局官方网站 http：//www. stats. gov. cn/tjsj/ 的数据绘制，2022 年 8月 10 日。

　　基本公共服务均等化，有利于缩小山西省的城乡差距及不同城市之间的差距，从而实现共同富裕。上述情况可见，山西省面临艰巨的挑战。

---

　　① 这里之所以列举了 2010～2020 年的数据，是因为统计局网站上关于山西省的数据最早是到2010 年，之前的数据没有。
　　②③④⑤⑥⑦ 资料来源：笔者根据《山西省统计年鉴》的数据计算得到。

（四）生态环境破坏严重，生态治理压力大

随着我国工业化的迅速发展，对煤炭等自然资源的需求不断提高，山西省作为重要的能源基地贡献卓著。然而，同时也给山西省带来了一系列自然生态遭受破坏的严重后果。2001~2020年，山西省工业企业的固体废弃物和废气排放量分别增长了5.91倍和19倍；水资源总量从2001年的151亿立方米下降到2020年的97.3亿立方米，下降了35.56%；① 煤炭储量从2003年的1045.31亿吨下降到2016年的916.19亿吨②。太原市作为山西省的省会城市，污染相对严重，2020年山西省PM2.5的年平均浓度为44μg/m³，而太原市PM2.5的年平均浓度为54μg/m³，不仅高于全省平均水平，而且位列全省地级市第2位；2020年太原市的二氧化氮年平均浓度甚至为全省地级市之最，达到45μg/m³；2020年太原市的空气达标天数也是全省地级市中最少的，全年空气质量达标天数为224天。③ 可见，山西省在生态治理方面面临巨大的挑战和压力。

五、主要结论与政策建议

（一）主要结论

由前文相关性分析可见，区域协调发展可以促进共同富裕的实现，具体表现在：区域协调发展有利于缩小贫富差距、提高共同富裕的程度，区域分工合作与各地区发展机会均等有利于共建共享，区域协调发展中的基本公共服务均等化、经济差距合理、生态可承载同时也是共同富裕的应有之义。

针对资源型地区而言，区域协调发展对共同富裕的影响表现在：（1）山西省因生产要素流动不顺畅，资源不能得到最优配置，导致城乡居民收入差距不断扩大，三次产业之间发展不协调；在社会和经济发展基础、经济体制和市场化程度、发展观念等因素作用下，山西省城市之间城镇化水平差异较大，中心城市对城市群的辐射带动作用较弱。（2）由于工业结构是资源部门占主导，且资源密集型制造业占较大比重，山西省产业分工低端，偏重国有企业发展，导致就业问题和民营企业发展不足问题突出，共建共享程度较低。（3）山西省基本公共服务均等化问题突出，高等教育、卫生等方面的指标低于全国平均水平且城乡之间有较大差距，省会城市和其他城市之间在普通中小学校数及医院数方面也差别明显；山西省整体的社会保障及就业发展

---

① 资料来源：笔者根据《山西省统计年鉴》的数据计算得到。

② 资料来源：国家统计局官方网站 http://www.stats.gov.cn/tjsj/，2021年8月10日。之所以列举了2003~2016年的数据，是因为统计局网站上的相关数据缺失。

③ 资料来源：《山西省统计年鉴》。

情况良好，处于上升趋势，但是在省内地级市之间存在较大差别。（4）山西省生态环境问题严峻，煤炭资源逐渐衰减，水资源受到一定程度的破坏，废气、废水、废渣的排放量大，影响了经济的可持续发展及人民的正常健康生活。可见，山西省区域发展不协调问题亟待解决，共同富裕程度有待提高。

（二）政策建议

1. 积极推进生产要素市场化改革

生产要素市场化改革有利于缩小城乡差距、促进城市群的发展及产业结构升级。要推动农村土地要素的改革，促进土地流转。坚持土地所有权、承包权、经营权三权分置，放活土地经营权，在保护农民土地经营权益的同时盘活土地要素市场，加快土地流转，培育农业规模经营主体，促进新型城镇化。加大对乡村的投资力度，扭转乡村向城市单方面输出资源的局面，促进生产要素在城乡之间双向流动。通过清理和废除地方政府妨碍统一市场的相关规定，减少地方保护主义的政府行为，破除市场壁垒和区域分割，促进生产要素在不同城市之间流动，以实现山西中部城市群向周边城市的产业转移和辐射，促进城市群的发展，缩小地区差距，实现共同富裕。

2. 积极发挥政府和市场作用，提升产业分工中的地位

实现资源型地区的共同富裕，缩小和非资源型地区的差距，需要加快实现经济转型。应积极发挥政府在宏观调控方面的作用，从资源型地区的长远利益出发引导资源型企业投资下游的制造业。同时发挥市场在资源配置中的决定性作用，完善市场体系，促进劳动力、资本、技术等要素自动流向制造业和高新技术产业；积极培育市场主体，促进民营企业的发展，通过民营企业的市场化经营促进制造业和高新技术产业的持续健康发展；克服政府对市场机制作用的不合理干预，充分发挥价格、供求和竞争机制对产业结构升级、产品结构优化的积极作用，缩小不同产业之间的收入差距，促进共同富裕。

3. 积极打造山西省中部城市群

山西省中部城市群的发展，首先要集全省之力促进太原市中心城市的快速发展。避免通过行政配置方式将其他城市的优质产业迁移到太原市，应从提高全省增量的目的出发，优化营商环境，围绕发展新基建、新技术、新材料、新装备、新产品和新业态积极引进发达地区的资本和先进技术，促进太原市经济高质量发展。其次，要注意充分发挥中部城市群各个城市的自身优势，确立各自的角色定位、形成各自的特色，有重点地突破。最后，要克服地方保护主义、消除市场分割，以降低交易成本、促进生产要素在中心城市的集聚以及在城市之间和城乡之间有序流动，优化资源配置，促进太原市及城市群的产业结构升级，提高太原市的经济实力，同时带动周边城市的发展。

4. 促进基本公共服务均等化

基本公共服务均等化是体现公平和效率关系的重要方面，要坚持"以人民为中心"的立场和价值取向，保障不同区域和城乡居民均享有基本公共服务的公平机会和权利。在基本公共服务的供给上，继续巩固九年义务教育制度，提高居民的社会保障水平，增加卫生机构数量，增加教育、医疗、就业、社会保障等方面的政府支出，同时鼓励市场主体积极参与基本公共服务的供给。人民的获得感和满意度是基本服务均等化执行效果的检验标准，要注重保障人民的基本生活，提高人民群众的安全感。

5. 加强生态治理

积极征收资源税，提高资源型企业开发自然资源的成本，避免对自然资源的掠夺性开发，保障后代利用自然资源的权利。大力发展循环经济，建立多阶段循环利用体系，加强对生产过程中能量的多级利用，减少资源浪费，走集约化发展道路。加强政府对地下水的保护，引入项目水耗指标，管控企业对地下水的开采，同时提高水资源循环利用率，节约用水。加强对废弃矿山的生态修复治理，完善矿山生态保护修复工作长效机制，综合运用高新技术手段，对矿山修复情况进行实时调整与有效监管。努力修复山西省的生态环境，提高山西省的可持续发展能力。

参 考 文 献

［1］习近平：《把握新发展阶段，贯彻新发展理念，构建新发展格局》，载《求是》2021 年第 9 期。

［2］习近平：《扎实推动共同富裕》，载《求是》2021 年第 20 期。

［3］Yang Q，Ding Y，De Vries B.. Assessing regional sustainability using a model of co-ordinated development index：A case study of mainland China ［J］. *Sustainability*，2014，6（12）：9282 – 9304.

［4］魏后凯、高春亮：《新时期区域协调发展的内涵和机制》，载《福建论坛：人文社会科学版》2011 年第 10 期，第 147 ~ 152 页。

［5］徐康宁：《区域协调发展的新内涵与新思路》，载《江海学刊》2014 年第 2 期，第 72 ~ 77 页。

［6］庞玉萍、陈玉杰：《区域协调发展内涵及其测度研究进展》，载《发展研究》2018 年第 9 期，第 73 ~ 79 页。

［7］樊杰、赵艳楠：《面向现代化的中国区域发展格局：科学内涵与战略重点》，载《经济地理》2021 年第 41 卷第 1 期，第 1 ~ 9 页。

［8］赵霄伟：《新时期区域协调发展的科学内涵，框架体系与政策举措：基于国家发展规划演变的研究视角》，载《经济问题》2021 年第 4 期，第 24 ~ 30 页。

［9］周长庆：《浅论资源型城市属性，结构及成长中的协调发展》，载《经济体制改革》1994 年第 5 期，第 23 ~ 30 页。

［10］Li H.，Dong L.，Ren J.. Industrial Symbiosis as a Countermeasure for Resource Dependent City：a Case Study of Guiyang，China ［J］. *Journal of Cleaner Production*，2015，

107：252－266.

　　［11］何邕健、毛蒋兴：《资源型城市城乡协调发展战略》，载《城市问题》2008 第 1 期，第 45～49 页。

　　［12］张仲伍、杨德刚、张小雷等：《山西省城乡协调度演变及其机制分析》，载《人文地理》2010 年第 2 期，第 105～109 页。

　　［13］刘晓明、赵旭强：《促进山西资源型与非资源型产业协调均衡发展》，载《经济师》2014 年第 9 期，第 74～77 页。

　　［14］吴忠民：《论"共同富裕社会"的主要依据及内涵》，载《马克思主义研究》2021 年第 6 期，第 83～92 页。

　　［15］刘培林、钱滔、黄先海等：《共同富裕的内涵，实现路径与测度方法》，载《管理世界》2021 第 37 卷第 8 期，第 117～127 页。

　　［16］Wang X F. and Zhang X D.. The Connotation, Ideological Origin and Logical Premise of Common Prosperity ［J］. *Open Access Library Journal*, 2022, 9：1－11.

　　［17］周文、施炫伶：《共同富裕的内涵特征与实践路径》，载《政治经济学评论》2022 年第 13 卷第 3 期，第 3～23 页。

　　［18］刘元春、刘晓光：《在三大超越中准确把握共同富裕的理论基础、实践基础和规划纲领》，载《经济理论与经济管理》2021 年第 12 期，第 4～10 页。

　　［19］Collier A. *Common Prosperity：Vision or Campaign?* ［M］//China's Technology War. Palgrave Macmillan, Singapore, 2022：11－25.

　　［20］Kakwani N, Wang X, Xue N.. Growth and common prosperity in China ［J］. *China & World Economy*, 2022, 30（1）：28－57.

　　［21］郭志栋：《资源型地区转型发展中的城乡居民收入提高研究》，载《山东社会科学》2017 年第 6 期，第 154～159 页。

　　［22］董江爱、李利宏：《资源型地区城乡一体化模式探索——山西乡宁县一矿一业一事活动的调查与思考》，载《城市发展研究》2010 年第 3 期，第 56～59 页。

　　［23］李利宏、董江爱：《新型城镇化和共同富裕：资源型地区的治理逻辑》，载《马克思主义研究》2016 年第 7 期，第 96～102 页。

　　［24］王保忠、何炼成、李忠民：《庇古思想对当今中国民生问题的启示——基于资源型地区的视角分析》，载《资源开发与市场》2013 年第 29 卷第 6 期，第 603～606 页。

　　［25］Michael Dunford. The Chinese Path to Common Prosperity ［J］. *International Critical Thought*, 2022, 12（1）：35－54.

　　［26］胡鞍钢、周绍杰：《2035 中国：迈向共同富裕》，载《北京工业大学学报：社会科学版》2022 年第 1 期，第 1～22 页。

　　［27］张秀生、黄鲜华：《实施区域协调发展战略的重大意义》，载《光明日报》2018 年 4 月 2 日，https：//epaper. gmw. cn/gmrb/html/2018－04/02/nw. D110000gmrb_20180402_3－11. htm。

　　［28］陈耀：《提升区域发展平衡性协调性是实现共同富裕的重要途径》，载《区域经济评论》2022 年第 2 期，第 7～9 页。

　　［29］刘培林、钱滔、黄先海、董雪兵：《共同富裕的内涵，实现路径与测度方法》，载《管理世界》2021 年第 37 卷第 8 期，第 117～127 页。

　　［30］段娟：《我国共同富裕进程中破解贫富差距难题的路径探索》，载《教学与研

究》2017 年第 8 期，第 13～20 页。

[31] 庞丹、边悦玲、张晓峰：《共同富裕视域下中国区域协调发展的现实困境与创新路径》，载《新疆社会科学》2022 年第 3 期，第 36～46 页。

[32] 陈健：《新发展阶段共同富裕目标下区域协调发展研究》，载《云南民族大学学报（哲学社会科学版）》2022 年第 39 卷第 4 期，第 14～26 页。

[33] 蔡之兵、石柱、郭启光：《共同富裕导向下的区域协调发展战略完善思路研究》，载《农村金融研究》2022 年第 1 期，第 19～27 页。

[34] Li Y, Wang J, Liu Y. . Problem Regions and Regional Problems of Socioeconomic Development in China: A Perspective from the Coordinated Development of Industrialization, Informatization, Urbanization and Agricultural Modernization [J]. *Geogr.* Sci. 2014, 24: 1115 – 1130.

[35] Lu C, Wang D, Meng P. . Research on Resource Curse Effect of Resource-dependent cities: Case Study of Qingyang, Jinchang and Baiyin in China [J]. *Sustainability*, 2019, 11 (1): 1 – 21.

[36] 郗晋华：《山西省区域协调发展评价指标体系构建及效果评价》，载《西部金融》2020 年第 11 期，第 84～88 页。

[37] 白雪：《晋城市城乡区域协调发展评价分析及发展建议》，《山西农经》2021 年第 6 期，第 78～80 页。

[38] 吴溥峰、马颖慧：《陕西省区域协调发展规范性研究——区域非均衡增长理论视角》，载《生产力研究》2021 年第 5 期，第 30～38、70 页。

[39] 王倩：《煤炭资源型地区可持续生计安全评价研究——以中部地区为例》，载《煤炭经济研究》2020 年第 40 卷第 7 期，第 4～15 页。

[40] 郑延涛、孙磊：《资源型地区体面劳动：成就、问题与对策——以山西省为例》，载《理论探索》2011 年第 3 期，第 77～79、128 页。

[41] 孙磊：《资源型地区去产能中的职工安置》，载《中共山西省委党校学报》，2018 年第 41 卷第 6 期，第 70～72 页。

[42] 于左、李连成、王雅洁：《资源枯竭型城市采煤沉陷区如何走标本兼治之路——阜新采煤沉陷区治理实践与启示》，载《社会科学辑刊》2009 年第 1 期，第 6 页。

[43] 郝丽芬：《对鄂尔多斯贫富差距及其所引发的问题的思考》，载《北方经济》2013 年第 2 期。

[44] 陈晓燕、董江爱：《共同富裕目标下资源型地区政府责任研究》，载《中国特色社会主义研究》2014 年第 3 期，第 49～51 页。

[45] 董江爱、王慧斌：《民生与民主：资源型地区利益均衡的路径选择》，载《理论探讨》2014 年第 3 期，第 137～140 页。

[46] 董江爱、陈晓燕：《邓小平"先富与共富"思想及其在资源型地区的实践》，载《马克思主义研究》2014 年第 1 期，第 56～62、159～160 页。

[47] 刘应杰、陈耀、李曦辉、王智勇、邓仲良、田慧敏：《共同富裕与区域协调发展》，载《区域经济评论》2022 年第 2 期，第 11 页。

[48] 黄群慧：《协调发展是实现共同富裕的必由之路》，载《金融理论探索》2022 年第 1 期，第 3～9 页。

[49] 范从来、秦研、赵锦春：《创建区域共同富裕的江苏范例》，载《江苏社会科

学》2021 年第 3 期，第 11 页。

［50］李海舰、杜爽：《推进共同富裕若干问题探析》，载《改革》2021 年第 12 期，第 15 页。

［51］董雪兵：《以更平衡更充分的区域协调发展推动共同富裕》，载《国家治理》2021 年第 30 期，第 4 页。

［52］Ni Pengfei, Marco Kamiya, Li Bo, Liu Xiaonan, Li Qihang. Technological Innovation: A Primary Driver to Promote Global Urban Common Prosperity——An Analysis of Factors Influencing the Competitiveness of 1,007 Cities around the World ［J］. *China Economist*, 2020（3）：28 – 48.

［53］孙久文：《论新时代区域协调发展战略的发展与创新》，载《国家行政学院学报》2018 年第 4 期，第 109 ~ 114 页。

［54］李玲娥：《构建资源型地区转型发展体制机制新模式》，载《前进》2020 年第 7 期，第 46 ~ 47 页。

［55］姚志伟：《资源型城市如何实现可持续发展》，载《陕西日报》2011 年 2 月 28 日，https：//www. chinanews. com. cn/estate/2011/02 – 28/2872123. shtml。

［56］李伟：《产品内分工与资源型地区的产业转型战略》，载《经济问题》2007 年第 11 期，第 32 ~ 34 页。

［57］景普秋：《资源型地区经济增长动力构成及转换研究》，载《南开学报：哲学社会科学版》2016 年第 3 期，第 125 ~ 134 页。

［58］李玲娥：《略论资源型城市转型及可持续发展的路径——以山西为例》，载《经济问题》2011 年第 12 期，第 45 ~ 47 页。

［59］李军鹏：《共同富裕：概念辨析，百年探索与现代化目标》，载《改革》2021 年第 10 期，第 12 ~ 21 页。

［60］梁姗姗、杨丹辉：《资源型地区城乡收入差距的变化及原因分析——以山西省为例》，载《现代管理科学》2018 年第 3 期，第 64 页。

［61］于立等：《资源性贫富差距与社会稳定》，载《财经问题研究》2007 年第 10 卷，第 3 ~ 8 页。

The Regional Coordinated Development and the Realization of Common Prosperity in Resource – based Areas

Li Ling e[1,2], **Li Hui tao**[1], **Hu Zhuang cheng**[1],
Shi Lei[3], **Xu Qin qin**[1]

（1. School of Economics, Shanxi University of Finance and Economics;

2. Research Center of Political Economy with Chinese Characteristics,
Shanxi University of Finance and Economics;

3. Changjiang Securities Co., Ltd. Shanghai Branch）

Abstract: It is an important regional development strategy in China to promote coordinated regional development and solid promotion of common prosperity at the stage of high quality development, and regional coordinated development is a requirement and important path to realize common prosperity. Taking resource-based regions as the research object, this paper defines and generalizes the general connotation of regional coordinated development and common prosperity and their correlation, and concludes the special connotation of regional coordinated development and common prosperity in resource-based regions and the particularity of their relationship. The flow of factors of production is significantly affected by infrastructure, institutions and mechanisms, and functions of central cities, with weakened comparative advantages, low-end industrial division of labor, large differences within urban agglomerations, difficulty in equalizing development opportunities and basic public services, and challenges in ecological governance. These are the special connotations of coordinated development of resource-based regions. The great gap between urban and rural areas, the lack of unity of fairness and efficiency, and the prominent problems of employment and ecology are the special meaning of common prosperity in resource-based areas. Production factors flow of common prosperity promoting effect was not significant, industrial division low-end outstanding influence on the co-construction and sharing, the development of equality of opportunity is the key to realize efficiency and fair unification, equal basic public services is the important guarantee of reducing the regional gap and realizing the co-construction and sharing and fairness and efficiency unification, ecological management is particularly important for full rich. These are the special manifestations of the correlation between regional coordinated development and common prosperity in resource-based areas. Taking Shanxi Province, a national pilot area for comprehensive reform of resource-based economic transformation, as an example, it is found that the regional coordinated development of resource-based regions has some short-comings, such as poor flow of production factors, low-end industrial division of labor, weak radiation driving effect of central cities in urban agglomerations, and low level of equality of basic public services. As a result, the economic growth rate of Shanxi slows down, the per capita disposable income of urban and rural residents and the level of basic public services are significantly different, and the degree of common prosperity is low. Some suggestions were put forward to actively promote the market-oriented reform of production factors, give play to the role of government and market to enhance the role of industrial division of labor, build the central urban agglomeration in Shanxi Province, and promote the equalization of basic public services.

Keywords: Resource – based area; regional coordinated development; common prosperity; Shanxi province

我国城乡收入差距的演进及其特征分析[*]

朱　静　邵瑛瑛[**]

【摘要】改革开放以来，我国经济迅速发展，人民生活水平实现质的飞跃，但居民收入差距也逐渐扩大，其中城乡收入差距问题尤为明显。本文对我国城乡收入差距的演进及其特征进行分析，研究表明：我国城乡收入差距近年来有所缩小，但仍处于高位平台期；其演进态势呈现出先增后减的阶段性循环波动特征。通过对我国城乡居民收入差距进行泰尔指数分解发现，与城市和乡村内部的收入差距相比，城乡两部门之间的收入差距长期处于高位，是城乡收入差距的主要组成部分。农村内部的收入差距不断减小，而城镇内部的收入差距则呈增大态势。

【关键词】城乡收入差距　演进特征　泰尔指数

一、引　言

改革开放四十余年来，我国经济发展取得了令人瞩目的成绩。中国从一个贫穷、欠发达的国家发展成为世界第二大经济体，社会财富迅速增长，人民生活水平日益提高。但收入分配差距较大的问题不容忽视。改革开放后的前30年，我国收入分配差距一直呈扩大趋势①。2008年至今，收入差距虽然逐步缩小，但中国居民收入的基尼系数仍超过0.4的国际公认警戒线，我国依然处于收入差距较大的国家行列。收入差距不仅阻碍着人民生活水平的提高，同时会对经济高质量发展产生深远影响。

国家统计局相关数据表明，我国城镇居民人均可支配收入在1978年为343元，2021年增长至47412元，增长了137倍多，同期农村居民人均纯收入自73元增长至18931元，增长了258倍多。但是，在我国城乡居民收入大幅度增长的同时，二者之间的收入差距也存在扩大趋势。1978年城乡居民收入差值为209.4元，1992年首次冲破1000元大关，达到1243元，2008年则

---

* 基金项目：本文为山东省人文社会科学项目"农村低收入群体收入增长与消费提振问题研究（2022 – YYJJ – 09）"的阶段性成果。

** 作者简介：朱静（1999～），女，汉族，浙江温岭人，上海财经大学硕士研究生，主要研究方向：城乡收入差距。邵瑛瑛（1981～），女，汉族，山东威海人，山东财经大学经济学院讲师，主要研究方向：城乡融合发展。

① 罗楚亮、李实、岳希明：《中国居民收入差距变动分析（2013—2018）》，载《中国社会科学》2021年第1期，第33～54、204～205页。

超过万元，为 10788.38 元；与之对应，同期的城乡收入比值表现出波动特征，1978~1985 年总体呈由降转升的趋势，从 2.57 下降到 1.86，自 1986 年起，城乡收入比则总体上呈现出上升趋势，2002 年该比值为 3.09，至 2007 年达到最大值 3.29 后，又逐年下降，到 2021 年降至 2.5，但仍处于较高水平。总的来看，我国城乡收入差距近年来呈缩小态势，但仍处于高位平台期。当前，我国正进入以实现全体人民共同富裕为奋斗目标的新发展阶段，要实现经济包容性增长，必须缩小城乡收入差距。因此，本文以城乡收入差距为研究对象，分析我国城乡收入差距的演进趋势及其特征，为缩小我国收入差距提供政策建议，对于促进我国经济高质量发展以及社会和谐稳定具有重要意义。

二、文 献 综 述

我国的城乡二元经济结构由来已久。相关研究指出我国城乡收入差距较大，且占据收入差距的很大一部分（王培刚、周长城，2005；李实、罗楚亮，2007）[1][2]。西库勒等（Sicular et al.，2007）通过 CHIP 数据测算泰尔指数并对其进行分解，研究表明城乡收入差距是我国收入差距的主要构成部分[3]。蔡继明（1998）则通过城乡比较生产力反映了城乡相对收入差距的 75.2%[4]。陈宗胜、周云波（2001）分析了我国 1988~1997 年的居民收入差距，认为我国居民收入差距中 50% 左右源于城乡收入差距[5]。韩其恒、李俊青（2011）的研究验证了这一结论[6]。对于城乡收入差距的演变趋势，李实和罗楚亮（2007）采用城镇居民人均可支配收入以及农村人均纯收入反映我国城乡居民收入的水平，并以二者的比值反映城乡收入差距，表明 1978~1983 年城乡收入差距呈缩小态势，但 1983~2003 年城乡收入差距迅速拉大。周云波等（2014）研究认为 1978~1984 年城乡收入比呈下降态势，但由于之

① 王培刚、周长城：《当前中国居民收入差距扩大的实证分析与动态研究——基于多元线性回归模型的阐释》，载《管理世界》2005 年第 11 期，第 34~44、171~172 页。

② 李实、罗楚亮：《中国城乡居民收入差距的重新估计》，载《北京大学学报（哲学社会科学版）》2007 年第 2 期，第 111~120 页。

③ Sicular, T., Yue, X. M., Gustafsson, B., Li, S. The Urban - rural Income Gap and Inequality in China [J]. *The Review of Income and Wealth*, 2007, 53 (1): 93 - 126.

④ 蔡继明：《中国城乡比较生产力与相对收入差别》，载《经济研究》1998 年第 1 期，第 13~21 页。

⑤ 陈宗胜、周云波：《非法非正常收入对居民收入差别的影响及其经济学解释》，载《经济研究》2001 年第 4 期，第 14~23、57~94 页。

⑥ 韩其恒、李俊青：《二元经济下的中国城乡收入差距的动态演化研究》，载《金融研究》2011 年第 8 期，第 15~30 页。

后的政策以及经济体制改革重心倾向于城市，城乡收入差距逐渐扩大①。对于城乡收入差距的测度，蔡昉等（2003）认为名义收入的差距与实际收入的差距不一致，应以实际指标反映城乡收入差距，以购买力水平这一指标反映真实收入水平②。段景辉和陈建宝（2010）通过分布函数法测算了我国城镇、农村以及城乡混合的基尼系数，其研究表明城镇内部的收入差距是引起城乡收入差距的主要因素③。城乡收入比作为一种衡量城乡收入分配相对差距的指标逐渐得到学界认可，如陈斌开和林毅夫（2013）④、张延群和万海远（2019）⑤。侯新烁和杨汝岱（2017）则认为泰尔指数可将城乡收入差距分解为城乡间差距以及城镇内部、农村内部收入差距，因而选用泰尔指数分析我国城乡收入差距的变动态势⑥。

　　已有文献研究了我国城乡收入差距演进的总体特点，基于已有研究成果，本文运用泰尔指数测算方法，进一步分析我国城乡收入差距的演进进程，深入刻画城乡收入差距演进的基本特征。

三、我国城乡收入差距的演进及特征

（一）测算方法及数据来源

　　城乡收入比通常被用作反映城乡收入差距，其数据较易获得、计算方法简单，能够反映城镇和乡村之间收入绝对水平的差距。但是城乡收入比提供的有效信息较为单一，其仅能够体现出城镇居民与农村居民的绝对收入差距，未能反映城镇与农村人口所占比重的变化，未能够反映城乡间以及城乡内部的收入差距。为更为全面地反映城乡居民收入差距的演进及其特征。本文参照陈工、何鹏飞（2016）的方法，采用泰尔指数这一指标，来反映我国的城乡收入差距演进趋势。

---

　　①　陈新、周云波、陈岑：《中国收入分配中的主要问题及收入分配制度改革》，载《学习与探索》2014 年第 3 期，第 89～94 页。

　　②　蔡昉：《城乡收入差距与制度变革的临界点》，载《中国社会科学》2003 年第 5 期，第 16～25、205 页。

　　③　段景辉、陈建宝：《基于家庭收入分布的地区基尼系数的测算及其城乡分解》，载《世界经济》2010 年第 1 期，第 100～122 页。

　　④　陈斌开、林毅夫：《发展战略、城市化与中国城乡收入差距》，载《中国社会科学》2013 年第 4 期，第 81～102、206 页。

　　⑤　张延群、万海远：《我国城乡居民收入差距的决定因素和趋势预测》，载《数量经济技术经济研究》2019 年第 3 期，第 59～75 页。

　　⑥　侯新烁、杨汝岱：《政策偏向、人口流动与省域城乡收入差距——基于空间异质互动效应的研究》，载《南开经济研究》2017 年第 6 期，第 59～74 页。

$$T = \sum_i \sum_j \left(\frac{Y_{ij}}{Y} \right) \ln \left(\frac{\dfrac{Y_{ij}}{Y}}{\dfrac{N_{ij}}{N}} \right) \tag{1}$$

$$T_w = \sum_i \sum_j \left(\frac{Y_{ij}}{Y} \right) \ln \left(\frac{\dfrac{Y_{ij}}{Y_i}}{\dfrac{N_{ij}}{N_i}} \right) \tag{2}$$

$$T_b = \sum_i \left(\frac{Y_i}{Y} \right) \ln \left(\frac{\dfrac{Y_i}{Y}}{\dfrac{N_i}{N}} \right) \tag{3}$$

其中，式（1）用于计算城乡总体泰尔指数，式（2）用于计算城镇内部、农村内部泰尔指数，式（3）则用于计算城乡之间泰尔指数。Y、N 分别表示全国总收入和全国总人口，Y_i、N_i 则分别表示第 i 个单元（乡村、城镇）的总收入以及总人口，Y_{ij}、N_{ij} 分别表示 i 单元中各省份的收入和人口。

城乡居民收入泰尔指数测算所需原始数据来源于国家统计局、《新中国五十年统计资料汇编》以及各省份相关年份的统计年鉴，主要指标包括分地区的总人口、农村人口、城镇人口、农村人均纯收入以及城镇人均可支配收入，其中，1985～1999 年的城镇人口和农村人口分别由非农业人口和农业人口表示。由于 1978～1984 年部分省份出现数据缺失，本文对城乡收入泰尔指数测算的时间跨度为 1985～2020 年。

（二）测算结果分析

以式（1）、式（2）、式（3）为基础，计算得到我国 1985～2020 年间城乡收入差距的泰尔指数，以此反映我国城乡收入差距的演进趋势，如图 1 所示。

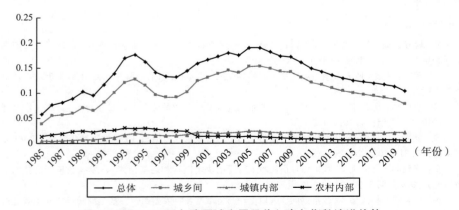

图 1　1985～2020 年我国城乡居民收入泰尔指数演进趋势

　　根据我国城乡居民收入泰尔指数的测算与分解，我国 1985 年以来城乡收入差距的演变呈现为"先上升，后缩小"的波动态势，与江春等（2016）的研究结论一致①。其演进大体可分为以下三个阶段。

　　第一阶段：1985～1994 年，呈总体扩大趋势。该时期内，城乡居民收入泰尔指数从 1985 年的 0.0578 增长至 1994 年的 0.1773。此阶段城乡收入差距之所以扩大，是因为随着城市改革的推进，我国国有企业开始推行承包制并实行以"工效挂钩"为特征的工资改革。与此同时，国家机关以及事业单位也开展了工资制度的改革，城镇居民收入有了较大幅度的增长。然而，于农村居民而言，由于劳动力增加、人均耕地面积减少，农村居民收入虽有所增长但增幅相对较慢，同时农用生产资料价格有所上升，但农产品价格上涨幅度不大，城乡间的收入差距随之呈扩大态势。改革开放初期，我国农村家庭联产承包责任制的政策实施以及相对放松管制的市场化改革在一定程度上提高了农村居民的生产积极性②，这一方面可以提高农村居民收入；另一方面也产生了农村居民之间的收入差距，农村内部的收入差距有所扩大。

　　第二阶段：1995～2005 年，呈"先减后增再小幅减小"的波动。1995～1998 年城乡居民收入泰尔指数连续下降，1998 年为 0.1321，主要原因在于：1994 年、1996 年推出相关政策提高农产品价格；自 1998～2005 年，城乡收入差距出现反弹，究其原因，一方面是农村基础设施建设的相对滞后，制约了工业、服务业向农村地区的延伸；另一方面，人力资本对收入的影响逐渐加大，而农村地区的教育水平明显落后于城镇地区。

　　第三阶段：2006～2020 年，呈缩小态势。此阶段，城乡收入差距的演进特征体现为前期快速缩小，后期缩小速度与幅度均相对缓和。城乡居民收入的泰尔指数从 2006 年的峰值 0.1905 减小至 2020 年的 0.1034。主要原因在于：首先，我国加入 WTO 后对"三农"领域的改革持续改善，如对农业税的减免以及对农村基础设施的投入增加等政策，使得我国城乡收入差距有所缩小。其次，近年来我国中央政府、地方政府日益重视对农村地区经济发展的扶持，如乡村振兴战略的实施，大力促进了我国农村地区的发展，农民收入水平日益提高。最后，我国于 2006 年彻底取消农业税，这在很大程度上减轻了农民的负担，同时中央政府、地方政府也对农民生产器具的购置予以相应补贴，通过财政对农民的生产生活以及农村的基础设施建设进行投资与支持，加大了对农村地区的转移支付力度，从而城乡收入差距呈现出缩小态势。

---

　　①　江春、司登奎、苏志伟：《中国城乡收入差距的动态变化及影响因素研究》，载《数量经济技术经济研究》2016 年第 2 期，第 41～57 页。

　　②　吕光明、李莹：《我国收入分配差距演变特征的三维视角解析》，载《财政研究》2016 年第 7 期，第 11～21、45 页。

四、我国城乡收入差距的特征及原因

对城乡居民收入泰尔指数进行分解，研究发现自 1985 年以来我国城乡间收入差距一直处于高位，农村内部收入差距呈缩小态势，而城镇内部收入差距呈扩大态势。为了进一步分析我国城乡居民收入泰尔指数变动的原因，本文计算了城乡间收入差距、城镇内部收入差距以及农村内部收入差距对城乡总体收入分配差距的贡献率，结果如图 2 所示。

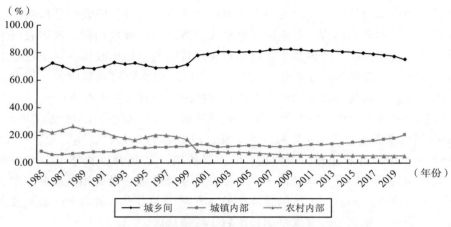

图 2　我国城乡居民收入的组间、组内贡献率

由图 2 可知，1985～2020 年，我国城乡间收入差距对城乡收入差距的贡献率一直处于高位，且呈现出前期大幅上升后期小幅减少的变化特征。自 20 世纪 80 年代中期以来，我国城乡间收入差距贡献率波动上升，至 2009 年达到 82.5% 的高点。于城乡内部收入分配差距而言，农村内部收入差距的贡献率在 1985～2000 年高于城镇内部收入差距，总体上呈减小态势，从 1985 年的 23.7% 下降到 2020 年的 4.96%。相应地，城镇内部收入差距自 80 年代中期以来总体上呈增长态势，自 1985 年的 8.02% 上升到 2020 年的 20.15%。

我国城乡收入差距存在上述演进趋势及特征，主要是由我国城乡二元经济结构决定的，该结构引致城镇部门集中了较丰富的资源，如资本、教育，使得城镇居民收入水平远高于农村居民，城乡间收入差距持续居于高位。城镇内部居民收入差距不断扩大，一方面是由于我国确立了"按劳分配为主体，多种分配方式并存"的收入分配制度，该制度调动了我国技术、资本等生产要素所有者的生产积极性，从而提高了我国城镇居民的收入水平，且城镇居民的收入来源日益多元化，因而城镇内部居民收入差距逐渐扩大；另一方面，20 世纪 90 年代，随着我国市场经济体制的建立，企业内部的分配机制已然发生变化，以收入决定机制为特征的市场化拉大了城镇内部收入差距。在改革开放初期，我国城镇内部收入差距相对较小，但随着我国城镇地区逐步推行国有企业改革，参与收入分配的生产要素体系和分配机制更加丰富，城镇居民在生产要素初始拥有量上的差异导致其收入差距有所扩大。于农村地区而言，80 年代中期家庭联产承包责任制的实施改变了以往传统体制下的"统收统支"的方式，农民生产积极性大幅度提高，农户生产能力和生产效率的差别使得农村居民收入出现差异；随后呈现出缩小态势主要是由于市场经济体制建立后，农村劳动力得以自由地在地区之间、城乡之间流动，从而抑制了农村内部收入分配差距的扩大（李楠，2005）[①]。

综上所述，我国城乡收入差距随着时间演进整体上呈现出减小态势，并具有"先增大，后缩小"的阶段特征。目前仍处于高位。从构成城乡收入差距的因素来看，城乡间收入差距是我国城乡收入差距的主要构成因素，但城镇内部收入差距以及农村内部收入差距亦不容忽视。因此，缩小城乡间收入差距对于缩小我国总体收入不平等程度具有重要意义，同时缩小城镇内部与乡村内部收入差距亦为较为有效的努力方向。

五、缩小城乡收入差距的政策建议

虽然我国城乡收入差距近年来呈现出缩小态势，但仍处于高位平台期，城乡收入差距问题仍不容忽视。新发展阶段，我国要有效破解城乡收入差距难题，需从城乡一体化发展、加强城乡基础设施建设、统筹城乡教育发展等层面协同发力。

（一）优化政策导向，引领城乡一体化发展

由于我国城乡间收入差距是城乡收入差距的主要构成部分，因此加大对农村经济发展的扶持力度，改善农村生产生活状况、提高农民收入水平对缩小我国城乡收入差距具有重要意义，相关政策应当着力于提高农村居民收入水平，努力推动城乡一体化发展，从而缩小其与城镇居民收入水平之间的差距。实现城乡居民收入的协调统一发展，最根本的是加快农业农村现代化建设。对水利农田等基础设施进行升级改造、将现代高科技技术应用于农业生产等都可以在提高农民收入的同时解放农村劳动力，从而有效缩小城镇与乡村之间的收入差距。同时，政府应大力支持农业技术成果的推广与应用，从财政方面加大对农业科技推广的支持力度，以便于农村居民更为便捷地感知、接触新技术，从而提高农田作业效率，提高非农收入。

---

① 李楠：《我国收入分配制度的演进及其对收入差距变动的影响》，载《江汉论坛》2005 年第 2 期，第 30～33 页。

（二）加强财政支持力度，完善城乡基础设施

我国的城乡二元经济结构决定了我国城镇部门拥有更为优质的发展要素，交通更为便利，基础设施建设更为完备，因此其发展更为迅速，城镇居民收入水平相对较高。因此，为缩小城乡收入差距，应加强城镇与乡村之间在交通、能源以及水利等基础设施建设方面的统筹，以畅通城镇与乡村之间的要素流通，拓宽农村居民的收入来源，带动农村居民收入的快速增长。同时，平衡城乡基础设施建设关键在于提高农村基础建设水平，加快农村路网建设，大力加强农村水利设施工程建设，提高农业与二、三产业的融合能力，提高农业生产的抗风险能力，缩小城乡收入差距。

（三）统筹城乡教育资源，不断提升农民素质

统筹城乡教育资源，推进城乡义务教育一体化，是促进农村经济发展，缩小城乡收入差距的重要举措。提高农村的人力资本水平可以有效带动农村经济发展，提高农村居民收入水平，从而缩小与城镇居民收入之间的差距。首先，政府应当从财政方面对农村教育予以支持，不断完善农村教育体制，优化城乡义务教育布局，提高农村办学水平和教育质量，努力减少城镇和农村学校在硬件设施建设中的差距。同时，应当重视职业教育与相关技能培训。为农民提供相应的知识普及与技能培训，积极发展能够适应经济建设与社会发展的专业，从而促进农村新增劳动力的转移，提高其创收能力，缩小城乡收入差距。

参 考 文 献

［1］罗楚亮、李实、岳希明：《中国居民收入差距变动分析（2013—2018）》，载《中国社会科学》2021年第1期，第33～54、204～205页。

［2］王培刚、周长城：《当前中国居民收入差距扩大的实证分析与动态研究——基于多元线性回归模型的阐释》，载《管理世界》2005年第11期，第34～44、171～172页。

［3］李实、罗楚亮：《中国城乡居民收入差距的重新估计》，载《北京大学学报（哲学社会科学版）》2007年第2期，第111～120页。

［4］Sicular, T., Yue, X. M., Gustafsson, B., Li, S. The Urban - rural Income Gap and Inequality in China ［J］. *The Review of Income and Wealth*, 2007, 53（1）：93 - 126.

［5］蔡继明：《中国城乡比较生产力与相对收入差别》，载《经济研究》1998年第1期，第13～21页。

［6］陈宗胜、周云波：《非法非正常收入对居民收入差别的影响及其经济学解释》，载《经济研究》2001年第4期，第14～23、57～94页。

［7］韩其恒、李俊青：《二元经济下的中国城乡收入差距的动态演化研究》，载《金融研究》2011年第8期，第15～30页。

［8］陈新、周云波、陈岑：《中国收入分配中的主要问题及收入分配制度改革》，载

《学习与探索》2014 年第 3 期，第 89～94 页。

［9］蔡昉：《城乡收入差距与制度变革的临界点》，载《中国社会科学》2003 年第 5 期，第 16～25、205 页。

［10］段景辉、陈建宝：《基于家庭收入分布的地区基尼系数的测算及其城乡分解》，载《世界经济》2010 年第 1 期，第 100～122 页。

［11］陈斌开、林毅夫：《发展战略、城市化与中国城乡收入差距》，载《中国社会科学》2013 年第 4 期，第 81～102、206 页。

［12］张延群、万海远：《我国城乡居民收入差距的决定因素和趋势预测》，载《数量经济技术经济研究》2019 年第 3 期，第 59～75 页。

［13］侯新烁、杨汝岱：《政策偏向、人口流动与省域城乡收入差距——基于空间异质互动效应的研究》，载《南开经济研究》2017 年第 6 期，第 59～74 页。

［14］陈工、何鹏飞：《省级城乡收入泰尔指数的测算与分析》，载《统计与决策》2016 年第 9 期，第 99～102 页。

［15］江春、司登奎、苏志伟：《中国城乡收入差距的动态变化及影响因素研究》，载《数量经济技术经济研究》2016 年第 2 期，第 41～57 页。

［16］吕光明、李莹：《我国收入分配差距演变特征的三维视角解析》，载《财政研究》2016 年第 7 期，第 11～21、45 页。

［17］李楠：《我国收入分配制度的演进及其对收入差距变动的影响》，载《江汉论坛》2005 年第 2 期，第 30～33 页。

［18］吴旭东、焦健：《中国收入差距的总体形势与应对思路》，载《贵州社会科学》2019 年第 6 期，第 115～123 页。

［19］罗楚亮：《居民收入差距与经济高质量发展》，载《湘潭大学学报（哲学社会科学版）》2019 年第 4 期，第 51～57 页。

The Evolution and Characteristics Analysis of Urban – rural Income Gap

Zhu Jing[1] , **Shao Yingying**[2]

(1. Shanghai University of Finance and Economics, Shanghai 200433;

2. Shandong University of Finance and Economics, Shandong Jinan 250014)

Abstract: Since the execution of reform and opening-up policy, the economy has developed rapidly and the living standard of people has also undergone a qualitative leap, but at the same time, the income gap of Chinese residents has gradually expanded, including the expansion of urban and rural income gap. Therefore, this paper analyzes the evolution and characteristics of income distribution gap in China. The result shows that: urban and rural income distribution gap has narrowed in recent years, but it is still at a high plateau. Its evolution trend shows the characteristics of stage and cyclic fluctuation characteristics of firstly increasing and then decreasing. Meanwhile, via the decomposition of Theil index of the income gap between urban and rural residents, we find that compared with the income gap between urban and rural residents, the income gap between urban and rural areas has been at a high level for a long time, which is the main component of the income gap between urban and rural residents. The income gap in rural areas is decreasing, while the income gap in urban areas is increasing.

Keywords: Urban – rural income gap; evolution characteristics; Theil index

农民工群体多维相对贫困治理[*]

——迈向共同富裕的必经之路

贺　坤[**]

　　【摘要】 脱贫攻坚战胜利收官后，中国的扶贫工作正由消除绝对贫困向着眼于共同富裕的相对贫困治理转变。农民工群体作为农村家庭向城镇的延伸、城镇化新市民的后备军以及中国产业工人的主力军，是未来相对贫困治理和迈向共同富裕过程中不可或缺的主体。本文通过对共同富裕思想内涵与战略意义及其与农民工多维相对贫困治理之间关系的分析，认为共同富裕战略目标与农民工群体多维相对贫困治理在本质和最终目标上高度趋同。推进农民工群体多维相对贫困治理，改善农民工在物质、保障、教育、精神等维度面临的相对贫困状况，一方面能够激发该群体的干事创业潜能，推动社会生产力的快速发展；另一方面将缩小农民工群体及其背后的农村家庭与其他群体之间的差距，改善收入分配格局，有利于在"做大做好蛋糕"的同时"切好分好蛋糕"。

　　【关键词】 共同富裕　农民工　多维相对贫困

一、引　　言

　　党的十九届六中全会明确提出，要推动全体人民共同富裕取得更为明显的实质性进展，到 21 世纪中叶把我国建成社会主义现代化强国，全体人民共同富裕基本实现。共同富裕是社会主义的本质要求，也是中国特色社会主义现代化的重要特征，集中体现了中国特色社会主义现代化与西方现代化的本质区别。实现全体人民共同富裕是打赢脱贫攻坚战和全面建成小康社会后，在中国特色社会主义现代化建设新征程上的重要战略任务。作为与中国改革开放进程相伴而生的农民工群体，是产业工人的关键构成，是城乡建设的生力军，是社会主义现代化的主要建设者。在中国城乡二元分割的经济体制下，随着城镇化进程的快速推进，农民工群体规模日益壮大，截至 2021

　　＊ 基金项目：本文得到天津市哲学社会科学规划青年项目"天津市精准扶贫和多维减贫工作机制研究"（项目号：TJLJQN18－002）的资助。

　　＊＊ 作者简介：贺坤（1983～），男，汉族，山东临沂人，经济学博士，天津商业大学马克思主义学院讲师，天津市中国特色社会主义理论体系研究中心研究员，主要研究方向：中国特色社会主义政治经济学。

年该群体规模总量已达 29251 万人。与城市本地居民相比较，农民工对城市经济社会发展成果的分享明显偏少，在就业、住房、子女教育等多个维度面临现实发展困境，表现为一系列多维相对贫困状况，这不仅加大了城镇内部的收入差距，也极大地影响着城乡居民共同富裕奋斗目标的实现。是否能够以高效的多维相对贫困治理来消除农民工群体发展瓶颈，以充分助力该群体增收致富的努力，对缩小群体差距、城乡差距和区域差距起到至关重要的作用，是未来我国扎实推进共同富裕过程中不可忽略的重要环节。因此，基于共同富裕的战略目标深入研究我国农民工的多维相对贫困治理问题具有十分重要的现实意义。

二、共同富裕的思想内涵与战略意义

（一）共同富裕的思想内涵

1. 共同富裕是生产关系演进的长期趋势

马克思、恩格斯从生产力与生产关系、经济基础与上层建筑之间的对立统一关系中，科学揭示了人类社会的发展规律，对社会主义和共产主义代替资本主义的必然规律和历史趋势进行科学论证。从历史发展来看，资本主义生产方式在一定程度上推动了社会生产力的较快发展，马克思、恩格斯充分肯定了资本主义在推进社会生产力发展方面的积极贡献，并在《共产党宣言》中指出："资产阶级在它的不到一百年的阶级统治中所创造的生产力，比过去一切世代创造的全部生产力还要多，还要大。"[1] 但从生产关系层面来看，资本主义生产方式建立在少数人对多数人的剥削基础上，存在严重的局限性，仅仅是人类社会发展过程中的阶段性产物，不是人类社会发展的终点。马克思指出："资本主义的分配方式完全不适用，必须废除。"[2] 尽管在资本主义生产方式下，人类社会的生产力在不断发展，但在这一发展过程中，资本的技术构成不断发生变化，使可变资本与不变资本之比越来越小，"使相对过剩人口或产业后备军同积累的规模和能力始终保持平衡的规律把工人钉在资本上，比赫斐斯塔司的楔子把普罗米修斯钉在岩石上钉得还要牢。这一规律制约着同资本积累相适应的贫困积累。因此，在一极是财富的积累，同时在另一极，即在把劳动的产品作为资本来生产的阶级方面，是贫困、劳动折磨、受奴役、无知、粗野和道德堕落的积累。"[3] 因此，社会两极分化是资本主义生产资料私有制基础上资本不断积累和马太效应式运动的必

---

① 《马克思恩格斯文集》第 2 卷，人民出版社 2009 年版，第 36 页。
② 《马克思恩格斯文集》第 9 卷，人民出版社 2009 年版，第 194 页。
③ 《马克思恩格斯文集》第 5 卷，人民出版社 2009 年版，第 771 页。

然结果，也是资产阶级无偿占有劳动者剩余价值的必然结果。因此，资本主义社会劳动生产力的任何新发展，都不可避免地加深社会不同阶级之间的对抗，这种对抗必然导致愈演愈烈的社会两极分化，导致无法调和的社会矛盾。

人类社会从低级向高级不断演进的过程中，在人类社会发展客观规律的作用下，资本主义私有制被社会主义公有制取代是历史的必然，两极分化被共同富裕代替也是历史演进的必然趋势。"现代的资产阶级私有制是建立在阶级对立上面、建立在一些人对另一些人的剥削上面的产品生产和占有的最后而又最完备的表现。从这个意义上说，共产党人可以把自己的理论概括为一句话：消灭私有制。"① 社会主义公有制实现了全体社会成员占有全部生产资料，这就消灭了两极分化产生的生产资料所有制基础，为构建公平合理高效的分配制度奠定了基础。未来，包括农民工群体在内的全体社会主义劳动者在共同占有全部生产资料的基础上，以按劳分配为主体实现人类社会发展成果的公平分配将是共同富裕的基本形态，将从根本上解决阶级之间产生激烈对抗冲突，为高质量的经济社会发展奠定基础，推动人类社会向更高级的社会形态继续演进。

2. 共同富裕的物质基础是社会生产力的充分发展

"分配本身是生产的产物，不仅就对象说是如此，而且就形式说也是如此。就对象说，能分配的只是生产的成果。"② 共同富裕实现的程度和水平从根本上取决于可供分配的社会生产成果，如果社会生产力不能实现充分发展，便没有足够的社会总产品可供分配，共同富裕的实现只能成为空中楼阁。

社会生产力的充分发展不是一个简单的自然而然的过程，而是需要在全体社会成员在勤劳奋斗中不断积累社会财富并创造有利条件持续推动发展才能实现的一个由量变到质变的过程。当前，我国仍处于并将长期处于社会主义初级阶段的现实国情没有改变，仍然是世界上最大的发展中国家，发展不平衡不充分问题依然突出。国际地缘政治经济环境发生深刻变化，全球经济复苏乏力，新冠肺炎疫情依然严峻复杂。面对诸多挑战，推动我国社会生产力快速发展、扎实迈向共同富裕，要继续坚持在发展中解决前进中的问题，推动经济发展实现量的合理增长和质的稳步提升。这要求必须以高质量发展为主题，首先集中力量继续推动社会生产力的发展，把"蛋糕"做大做好，保证每个社会成员对社会总产品的合理需要能够得到越来越大程度的满足，为共同富裕的实现奠定坚实基础。

社会生产力的充分发展，不仅体现在物质生活的充裕，还体现在精神生

① 《马克思恩格斯文集》第2卷，人民出版社2009年版，第71页。
② 《马克思恩格斯选集》第2卷，人民出版社1995年版，第49页。

活的富足，精神生活富裕与物质生活富裕在推进共同富裕的进程中是互为条件、互为目的的辩证统一关系。一方面，物质生活富裕是精神生活富裕的基本条件，"仓廪实而知礼节，衣食足而知荣辱"，没有充分的物质保障就谈不上精神层面的快速提升，缺乏物质富裕的精神富足无法达到真正高质量的共同富裕目标；另一方面，精神生活富裕为物质生活富裕提供了价值导向和内在动力，先进的思想文化可以转化为强大的物质力量，正确的世界观、人生观和价值观能够指引劳动者在物质文明建设中按照正确的方向推进。因此，物质富裕和精神富裕相辅相成，符合马克思主义基本原理，是社会生产力的一体两面。

3. 共同富裕的实现路径是公平合理的收入分配机制

习近平总书记指出："共同富裕是社会主义的本质要求，是人民群众的共同期盼。我们推动经济社会发展，归根结底是要实现全体人民共同富裕。"① 劳动者在社会主义生产资料公有制基础上，通过按劳分配共享社会生产力发展成果是社会主义共同富裕的关键内容和思想要义。"治国之道，富民为始"，共同富裕是全体人民的共同富裕，不是少数人的富裕。改革开放以来，党和政府从我国生产力发展不充分的现实国情出发，提出"让一部分人、一部分地区先富起来，以带动和帮助落后的地区"②。这一"先富带后富，从而达到共同富裕"的思想，充分起到了解放思想的作用，形成了各尽其能、干事创业、推动经济发展的有效激励，解放和发展了社会生产力，推动了社会生产力的快速发展。

当前，我国已经跃升为全球第二大经济体，党领导人民取得了脱贫攻坚和全面建成小康社会的伟大成就，人民生活水平显著提高。中国特色社会主义进入了新时代，我国社会主要矛盾已经转化为人民日益增长的美好生活需要和不平衡不充分的发展之间的矛盾。在社会生产力快速发展和社会产品愈发丰富的同时，群体差距、城乡差距、区域差距扩大，基本公共服务供给不充分不平衡的情况越发突出，要把逐步实现全体人民共同富裕摆在更加重要的位置上。扎实推进共同富裕，要坚持在发展中提升民生质量与保障水平，提高基本公共服务均等化水平，解决农民工等弱势群体在住房、医疗、教育等方面的经济社会发展痛点，为每一位社会成员创造公平的发展与致富条件。通过完善初次分配、再分配和三次分配的基础性制度安排构建高质量的收入分配体系，切好分好"蛋糕"，推动更多社会成员加入中等收入群体，形成中间大、两头小的橄榄形收入分配格局。同时，要防止落入西方福利主义的陷阱，拒绝"躺平""等靠要""养懒汉"等行为。

---

① 习近平：《关于〈中共中央关于制定国民经济和社会发展第十四个五年规划和二〇三五年远景目标的建议〉的说明》，新华社 2020 年 11 月 3 日。

② 《邓小平文选》第 3 卷，人民出版社 1993 年版，第 155 页。

　　基于不同地区和不同个人的资源禀赋差异，在推进共同富裕的进程和实现共同富裕的程度上必然存在差异。因此，共同富裕不是同等富裕，也不是同步富裕，而是要通过公平合理的收入分配机制鼓励人民勤劳致富，形成良好收入分配格局，分步骤、分阶段推动全体居民共同富裕的渐进过程。在社会主义初级阶段推进共同富裕，需要坚持实事求是，一切从实际出发，正视困难，循序渐进，因地制宜，因人而异，团结务实，各显其能，立足现实情况探索有效路径。

（二）共同富裕的战略意义

　　实现全体人民共同富裕是我国在战胜绝对贫困、全面建成小康社会后，开启全面建设社会主义现代化国家新征程要完成的重要战略任务。首先，扎实推进全体人民共同富裕，是我们党全心全意为人民服务根本宗旨在中国特色社会主义现代化建设新征程上的最新体现，更是人民至上理念在我们党向第二个百年奋斗目标迈进过程中的深入落实。更好满足人民群众美好生活需要的共同富裕战略，将进一步深刻践行以人民为中心的发展思想，坚持发展为了人民、发展依靠人民、发展成果由人民共享，不断加强党同人民群众的血肉联系。使广大人民群众从经济社会发展中得到更多实惠，持续增强人民群众对中国特色社会主义发展道路的认同感、自豪感和融入感。其次，兼备发展性、共享性和可持续性的共同富裕战略，将从城乡、区域、行业、收入等方面进一步提高发展的平衡性、协调性和包容性，推动形成更富活力、创新力、竞争力的经济高质量发展路径和模式。能够在推动国民经济总量持续快速增长的同时，进一步优化收入分配格局，让包括农民工等群体在内的更多人的"钱袋子"鼓起来，构建起效率与公平兼具、发展与贡献并举的高质量发展图景。最后，共同富裕战略的推进将进一步优化收入分配结构，促进消费，扩大内需，构建稳固且内部可循环的强大国内市场，为构建新发展格局、实现高水平自立自强奠定坚实基础，时刻保持我国在各类"黑天鹅"和"灰犀牛"风险冲击下的生存力、竞争力、发展力和持续力。

　　在推进共同富裕的新阶段，高质量发展是题中要义，应"在高质量发展中促进共同富裕"，其中，"着力扩大中等收入群体规模"是关键性举措之一。在这一过程中，"要抓住重点、精准施策，推动更多低收入人群迈入中等收入行列"，而"进城农民工是中等收入群体的重要来源"。因此，高效开展农民工群体多维相对贫困治理使其进一步摆脱就业、住房、医疗、教育等方面的发展瓶颈，能够推动该群体增收致富，并将这一治理成效依托农民工群体的城乡链接纽带功能辐射广大乡村和城镇，将充分助力共同富裕目标实现。这既是巩固拓展脱贫攻坚成果、改善收入分配格局和实现全体人民共同富裕远景目标的客观要求，也是提升农民工群体劳动生产率和推进城乡融合发展，在我国的"刘易斯拐点"到来之际实现从人口存量中挖掘新人口红利、激发农民工群体驱动经济增长潜能、实现高质量发展的客观需要。

三、从摆脱贫困到共同富裕——新时代贫困治理内涵的演进

扎实推进共同富裕，治理贫困是首要且关键的一环。中国作为世界上最大的发展中国家，历来重视贫困问题，中国政府在不同历史发展阶段，在推动国民经济快速发展的同时，采取以政府为主导的有计划有组织的扶贫开发，不断优化收入分配格局，持续性地向共同富裕迈进。根据国家统计局和国务院扶贫办公布的数据，根据现行贫困标准计算，1978~2020 年中国共计减少农村贫困人口约 77046 万人，绝对贫困发生率由 97.5% 下降至 0，年均减贫 1800 余万人。其中，2012 年全国贫困人口为 9899 万人，贫困发生率 10.2%；截至 2020 年末，全国农村 9899 万绝对贫困人口全部消除（见图 1）。2020 年，中国脱贫攻坚胜利收官，区域性整体贫困得到解决，完成了消除绝对贫困的艰巨任务，小康社会全面建成，创造了彪炳史册的人间奇迹，困扰中华民族几千年的绝对贫困问题得到历史性解决，为共同富裕的扎实推进奠定了坚实基础。在推进共同富裕的新阶段，新的历史任务对新时代的贫困治理提出了新要求，贫困治理内涵将由绝对贫困转向相对贫困，由单维贫困扩展为多维贫困。

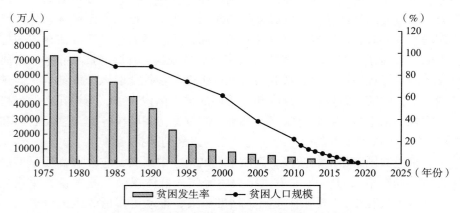

图 1　中国历年绝对贫困发生率与绝对贫困人口规模
资料来源：根据国家统计局和国务院扶贫办公布的数据整理而得。

（一）从绝对贫困到相对贫困的变迁

在传统对贫困概念的界定和认知中，一般是指收入水平在某临界值之下，导致难以满足生活所必需。在这一概念界定的基础上，绝对贫困和相对

贫困是两种主要形式。目前，国际减贫项目大都属于绝对贫困的范畴，如美国政府设定的贫困线（the poverty thresholds）和贫困准则（the poverty guidelines），二者均是根据收入水平制定的贫困标准；世界银行（World Bank）设定的国际贫困线，是按照购买力平价不变价格计算得出的 1.9 美元/人·天的收入水平制定的贫困标准。相对贫困与绝对贫困不同，其概念虽然是基于绝对贫困提出，但相对贫困本质上与收入分配状况紧密相关，主要反映不同群体、区域、行业之间的经济差距。相对贫困的衡量方法先后由加尔布雷斯（Galbraith，1958）、朗西曼（Runciman，1966）和汤森德（Townsend，1971）提出和完善，通常以某群体平均收入或者收入中位数的 30%~60% 作为临界值，收入水平低于该临界值的个体或者家庭，即被辨识为相对贫困，相对贫困的测算结果会随整个社会的收入分配状况变化而变化。

按照经济社会发展的一般规律，随着经济的发展和社会的进步，绝对贫困将逐步弱化和消除，而相对贫困问题则会愈发突出。多数经济发达国家在基本解决绝对贫困问题之后，均采用相对贫困标准测度贫困并开展针对性的贫困治理，如欧盟（EU）采用居民人均可支配收入中位数的 60% 作为相对贫困线，并将其作为度量社会包容性指数和"陷入贫困风险或遭受社会排斥"的重要指标（王小林和冯贺霞，2020；张琦和沈扬扬，2020），经合组织（OECD）部分国家采用居民人均收入中位数的 50% 作为相对贫困线（张琦和沈扬扬，2020），联合国开发计划署（UNDP）和联合国儿童基金会（UNICEF）等国际组织也采用相对贫困标准作为衡量贫困的主要指标。与绝对贫困单纯反映贫困状态不同，相对贫困主要反映"收入差距"，该标准可以反映出整个社会包容性和机会公平的实现程度，体现了共同富裕的客观要求。2020 年，中国脱贫攻坚胜利收官，绝对贫困问题消除，但反映收入分配差距的相对贫困仍将长期存在。党的十九届四中全会提出"建立解决相对贫困的长效机制"，为新时期的贫困研究与贫困治理指明了方向。

（二）从单维贫困到多维贫困的扩展

随着经济社会的多元化发展，贫困的存在形式呈现出新的特征，单维条件下的收入贫困标准在辨识人类实际面临的贫困问题方面存在越来越大的局限，难以全面刻画和反映除收入外的其他维度下人类的发展与贫困问题。阿玛蒂亚·森（Amartya Sen，1979）基于可行能力视角提出的里程碑式的多维贫困理论和以此为基础发展形成的各类多维贫困测度方法，弥补了单维条件下辨识贫困的不足，使得从更广阔的视角与深层次的本质来定义和分析贫困成为可能，从多个维度识别贫困的"多维贫困"逐渐成为贫困研究的发展方向（Amartya Sen，1979；Alkire and Foster，2007；汪三贵，2008）。1990 年，联合国开发计划署（UNDP）基于能力视角，首次提出了"人类发展"的概念，并构建了涵盖健康生活、教育及体面生活、尊严三个维度的人类发展指数（HDI）（UNDP，1990）。欧盟（EU）从多维视角给出了相对贫困的定义，核心理念是贫困个体会在多个维度同时陷入困难，如收入低下、居无定所、失去工作和无医疗保障等。2010年，欧洲就业、社会政策、卫生和消费者事务部长理事会（EPSCO）通过纳入相对贫困、物质剥夺、工作强度三个维度下的多个指标构建了多维相对贫困的测度指标体系。在中国的脱贫攻坚实践中也逐渐由单一的收入标准转变为"两不愁，三保障"的多维扶贫工作标准，在关注收入水平提升的同时兼顾个人的长期可行发展能力。

未来，中国应根据自身国情和经济社会发展实际，从多维和相对两个层面确定科学的多维相对贫困标准，不必刻意与OECD等国家的相对贫困标准接轨，更多应从提升中国全体居民可行能力和优化收入分配格局的角度出发推进共同富裕进程，在具体实践中应以多维贫困识别方式结合收入比例法确定相对贫困标准（王小林和冯和霞，2020；张琦和沈扬扬，2020）。

四、共同富裕进程中我国农民工群体面临的多维困境

从2013~2021年，全国农民工规模快速增长，平均每年增加295万人。2020年受新冠肺炎疫情冲击的影响，农民工整体规模的持续上升势头被中断，总量缩减为28560万人。2021年，随着中国新冠肺炎疫情的成功应对和经济平稳复苏，农民工总数又回升至29251万人，人口规模已相当于农村居民人口总量的58.70%。未来，随着我国工业化和城镇化的持续推进，这部分群体在总人口中的比重还将不断提高，对整个经济社会的影响也将日益增加（见图2）。在农民以农民工身份的城乡迁徙流动中，其从事非农务工与经营的收入成为农村家庭收入中最为活跃且增长最快的部分，实现了农村居民工资性收入和经营性收入的增加，成为农村贫困家庭增收脱贫的主要途径，是我国实现脱贫攻坚最终胜利和未来迈向共同富裕的关键动力；另外，农民工群体的壮大与发展，推动了我国的城镇化进程，为非农产业发展提供了丰富的劳动力资源，为推动我国劳动生产率的提高，实现中国经济持续快速增长，创造"中国奇迹"做出了巨大的贡献。然而，由于我国特殊的城乡二元体制，目前仍存在诸多约束限制着农村劳动力向非农部门和城镇区域的流动，在就业、住房、教育、医疗、养老等方面面临一系列发展束缚，相对城镇本地居民而言处于更为严重的现实困境中，表现为多维度下的一系列相对贫困状况。

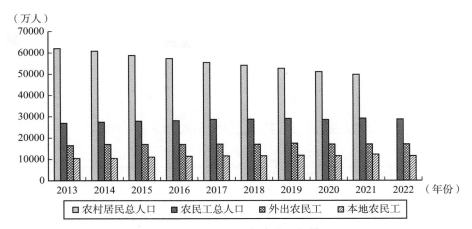

图2　2010~2020年农民工规模

资料来源：根据国家统计局2010~2020年农民工监测调查报告和历年国家统计年鉴相关数据整理而得。

（一）物质维度的相对贫困

农民工在向城镇和非农产业的转移过程中，实现了收入的持续提升，月均收入由2011年的2049元提升至2021年的4432元，10年间增长了116%。但是，农民工留在城镇务工的时间平均只有9年左右，这意味着其在城镇区域的长期居留面临很大困难，对该群体生产力的充分发挥和收入的继续增长产生较强束缚，存在较为严重的人力资源浪费（蔡昉，2014）。同时，农民工很难进入能源、金融等高收入行业，主要分布在制造业、建筑业、交通运输、仓储和邮政业、批发零售业、住宿餐饮业、居民服务业等劳动密集型行业（见图3），普遍存在劳动强度大、薪酬待遇低、工作环境艰苦、职业成长有限等特点。因此，要获取更多的收入，农民工只能通过超时劳动的方式来实现。国家统计局公布的2016年农民工调查监测报告显示，我国农民工每日工作时间超过8小时的占64.4%，每周工作时间超过44小时的占78.4%，月均工作时间是法定工作时间的1.32倍，即农民工的收入中近1/3是由超时劳动贡献，并且相对城镇户籍居民而言，农民工在住房、医疗、子女教育方面缺乏保障，额外支出水平较高，家庭境况改善和生活水平提升面临较大阻碍。

（二）保障维度的相对贫困

2008年以来，国家针对农民工的社会保障体系建设加速，社会保障力度不断加强。农民工群体在养老保险、工伤保险、医疗保险、失业保险和生育保险等方面的参保率都在逐步上升（见表1）。根据国家统计局公布的数据，2008~2017年，养老保险、医疗保险、工伤保险、失业保险的参保率分别

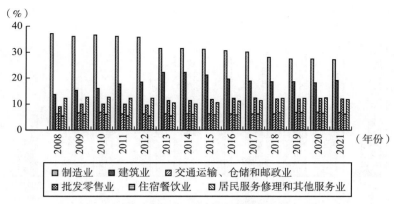

图 3　2008～2021 年农民工主要就业行业分布

资料来源：根据国家统计局 2008～2021 年农民工监测调查报告相关数据整理而得。

提升了 120%、65.65%、12.36% 和 362%，生育保险参保率截至 2014 年提高了 290%，但是各项保障覆盖率绝对水平依然不高。以国家统计局公布的 2017 年数据为例，农民工群体养老保险、工伤保险、医疗保险、失业保险参保率分别为 21.6%、27.2%、21.7%、17.1%，农民工 2014 年的生育保险参保率仅为 7.8%。相对城镇户籍居民，农民工流动迁徙频繁，居住务工的区域分布不稳定，当前各类社保参保和报销存在较强的区域分割，转移和接续难度较大，导致农民工参保意愿不高。同时，农民工的工作内容以简单重复的体力劳动为主，技术含量偏低，超时加班严重，严厉管制和权益损害现象普遍，不仅难以通过学习进修和"干中学"等方式实现自身人力资本积累，且很难获得相应的权益保护，健康、体能、精力等方面的人力资本损耗速度较快，部分工作（如制假贩假、违规生产等）处于国家和地方政府的监管视界之外，职业危害发生的相对可能性较高。

表 1　　　　　　　　　　**2008～2017 年农民工群体社保参保率**　　　　　　单位：%

社保类别	2008 年	2009 年	2010 年	2011 年	2012 年	2013 年	2014 年	2015 年	2016 年	2017 年
养老保险	9.8	7.6	9.5	13.9	14.3	15.7	16.7	20.1	21.1	20.1
工伤保险	24.1	21.8	24.1	23.6	24.0	28.5	26.2	27	26.7	27
医疗保险	13.1	12.2	14.3	16.7	16.9	17.6	17.6	18.6	17.1	18.6
失业保险	3.7	3.9	4.9	8.0	8.4	9.1	10.5	15.2	16.5	15.2
生育保险	2.0	2.4	2.9	5.6	6.1	6.6	7.8	—	—	—

资料来源：根据国家统计局 2008～2021 年农民工监测调查报告相关数据整理而得。

（三）教育维度的相对贫困

中国特色社会主义建设进入了新时代，经济发展也由高速增长进入高质量发展阶段，作为我国产业工人的主要力量，农民工群体发展面临的挑战将主要来自知识结构、教育水平和专业技能是否能够适应经济结构转型升级的要求。2011～2020年，农民工的教育程度有很大提升，但是受城乡教育资源差距、原生家庭物质和精神支持等方面因素的影响，农民工在教育维度的绝对水平依然不高，普遍呈现相对贫困状况，接受学历教育和专业技能教育的年限较少，文化程度偏低（见图4）。从农民工子女的教育来看，根据《中国农村教育发展报告2019》发布的数据，2017年全国普通初中进入普通高中就读的升学比率为57.25%，其中，农民工随迁子女在普通初中就读的毕业生共计125.07万人，但能够成功升入普通高中就读的仅有42.81万人，普通高中升学率仅有34.23%，相对全国平均水平要少23.02个百分点。

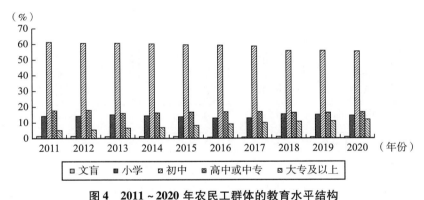

图4　2011～2020年农民工群体的教育水平结构

资料来源：根据国家统计局2008～2021年农民工监测调查报告相关数据整理而得。

（四）精神维度的相对贫困

精神贫困的表现形式包括焦虑抑郁等心理问题多发、思维封闭、观念落后、信任感缺乏、排斥感强烈等。杨文健和康红梅（2012）通过对从事环卫工作的农民工调查发现，从事环卫工作的农民工由于工作环境恶劣、劳动强度大、工作时间长以及得不到市民尊重等因素的影响，普遍在精神状态和心理健康方面存在问题，表现为焦虑、强迫、恐怖、躯体化等症状，对日常工作和生活产生了严重影响。孙咏梅（2016）通过对建筑业农民工的精神贫困状况进行调查，指出从事建筑业的农民工普遍存在精神贫困，且精神贫困对农民工的贫困状况贡献度较大，已达到中等程度，显著高于其他维度的影响。更为严重的是，对于因现实障碍无法随迁的农民工子女进一步演化为更为严重的留守儿童问题（见图5）。根据中国人口与发展研究中心于2016～

2017 年以 12 个省份的留守儿童样本进行的调查，留守儿童一般与祖父母或者外祖父母共同生活，长期得不到父母关爱，情绪、品行、交往和反社会等心理问题较为突出，心理异常发生率接近 12%，小学四年级留守儿童中有 10.2% 在过去半年中有故意伤害自己的行为，初中一年级的比例最高为 16.8%，更高年级的比例为 13.6%。这些问题阻碍着农民工子女正常人格和社会能力的形成，并对整个家庭的发展增添了沉重负担和较强束缚，并有可能随着农民工子女成人后进入社会，构成社会问题的潜在来源，亟须整个社会的关注、关爱和帮助。

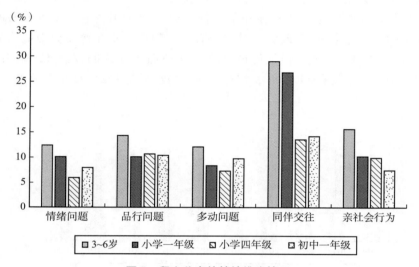

图 5　留守儿童的精神维度情况

资料来源：根据中国人口与发展研究中心 2016~2017 年调查数据整理而得。

五、共同富裕视阈下农民工多维相对贫困的治理路径

从长期来看，当现行标准下的全面脱贫目标成功实现后，需要深入辨识贫困背后的致贫根源，进一步从人的发展角度提升人口自身的可行发展能力，主要应在新标准下通过培育多维相对贫困人口的自我发展能力来克服各类深层次致贫因素的影响，形成良性的自我可持续发展，由被动"输血式"转为主动"造血式"，并在更高标准上实现相对贫困问题的解决，助力共同富裕目标的实现。在这一过程中，农村劳动力自发开展的以谋求生活改善与自身发展的外出务工经营活动理应得到重点关注和鼓励，从而能够在扶贫减贫与经济增长之间建立互动机制，一方面能够推动社会生产力的快速发展；另一方面将缩小农民工群体及其背后的农村家庭与其他群体之间的差距，改善收入分配格局，将多维相对贫困治理转化为推动中国经济增长的新动能。

从本质和最终目标来看，农民工多维相对贫困治理与共同富裕的战略要求高度一致，能够在助力"做大做好蛋糕"的同时"切好分好蛋糕"，在经济增长中不断提升迈向共同富裕的核心实力。

新时期推动农民工群体多维相对贫困治理，助力推动共同富裕进程，应从以下几个方面着手：

一是物质维度的相对贫困治理方面，推进构建统一、开放、竞争、有序的就业市场，完善基于农民工群体特点和发展需要的就业服务体系，解决农民工工资拖欠、无理克扣、超长劳动等现实问题，做到"同城同权""同工同酬"，助力农民工群体摆脱自身收入水平持续增长的各种束缚，推动其增收致富，帮助更多农民工稳步迈入并保持在中等收入群体。

二是保障维度的相对贫困治理方面，针对农民工群体收入不稳定、流动性强、工作风险大等特点，结合劳动力市场和用工企业运行实际，创新社会保险管理方式，完善信息化管理和有序转移机制，尽快实现基本养老保险全国统筹，建立医疗保险跨行政区域的经办网络，从根本上解决农民工各类保险转移难、接续难等问题，并尽快将农民工纳入城镇社会救助网络。

三是教育维度的相对贫困治理方面，应当通过构建优质的职业技能培训体系弥补城乡教育资源差距导致的农民工人力资本短板，依据当前经济发展需要和农民工群体特点，着重提升农民工群体对新经济、新业态、新技术条件下用工需求的适应能力；另外应动员全社会力量共同解决农民工随迁子女教育问题，积极推进城乡教育一体化统筹，在补齐乡村教育短板的同时，加大城镇教育资源的供给，为随迁子女在农民工务工地接受义务教育以及进一步接受职高和高中教育提供有力支持。

四是精神维度相对贫困治理方面，依托农民工集中居住的街道和社区基层党组织，有效发挥行业协会、老乡会、慈善机构、公益组织等非政府组织对农民工群体的支持和关爱，不定期组织各种文化艺术、座谈交流和心理讲座等活动，加强对农民工群体的心理抚慰和人文关怀，赋予农民工在所在社区社会公共事务和相关政策制定中的话语权，增强其对务工所在城镇和社区的认同感和融入感。

参 考 文 献

［1］逄锦聚：《中国共产党带领人民为共同富裕百年奋斗的理论与实践》，载《经济学动态》2021 年第 5 期，第 8 ~ 16 页。

［2］国家统计局农村社会经济调查司：《2017 年中国农村贫困监测报告》，经济科学出版社 2017 年版。

［3］汪三贵：《在发展中战胜贫困——对中国 30 年大规模减贫经验的总结与评价》，载《管理世界》2008 年第 11 期，第 78 ~ 88 页。

［4］刘培林、钱滔、黄先海、董雪兵：《共同富裕的内涵、实现路径与测度方法》，载《管理世界》2021 年第 8 期，第 117 ~ 129 页。

［5］檀学文：《走向共同富裕的解决相对贫困思路研究》，载《中国农村经济》2020年第6期，第21～36页。

［6］程恩富、伍山林：《促进社会各阶层共同富裕的若干政策思路》，载《政治经济学研究》2021年第2期，第5～11页。

［7］程恩富、刘伟：《社会主义共同富裕的理论解读与实践剖析》，载《马克思主义研究》2012年第6期，第41～47、159页。

［8］潘玲霞：《"共同富裕"与"成果共享"——中国特色社会主义理论体系中的民生思想》，载《社会主义研究》2009年第1期，第40～43页。

［9］李实、陈基平、滕阳川：《共同富裕路上的乡村振兴：问题、挑战与建议》，载《兰州大学学报（社会科学版）》2021年第3期，第37～46页。

［10］邱海平：《马克思主义关于共同富裕的理论及其现实意义》，载《思想理论教育导刊》2016年第7期，第19～23页。

［11］范从来：《益贫式增长与中国共同富裕道路的探索》，载《经济研究》2017年第12期，第14～16页。

［12］贺坤、周云波、成前：《共同富裕视域下的农民工多维相对贫困研究——基于城—城流动人口的比较分析》，载《现代财经》2022年第7期，第94～113页。

［13］李实、朱梦冰：《推进收入分配制度改革　促进共同富裕实现》，载《管理世界》2022年第1期，第52～62、76页。

［14］陈宗胜：《试论从普遍贫穷迈向共同富裕的中国道路与经验——改革开放以来分配激励体制改革与收入差别轨迹及分配格局变动》，载《南开经济研究》2020年第6期，第3～22页。

［15］王小林、张德亮：《中国城市贫困分析（1989—2009）》，载《广西大学学报（哲学社会科学版）》2013年第2期，第76～81页。

［16］王小林、冯贺霞：《2020年后中国多维相对贫困标准：国际经验与政策取向》，载《中国农村经济》2020年第3期，第2～21页。

［17］张琦、沈扬扬：《不同相对贫困标准的国际比较及对中国的启示》，载《南京农业大学学报（社会科学版）》2020年第4期，第91～99页。

［18］蔡昉：《农民工市民化：立竿见影的改革红利》，载《中国党政干部论坛》2014年第6期，第51～53页。

［19］李姗姗、孙久文：《中国城市贫困空间分异与反贫困政策体系研究》，载《现代经济探讨》2015年第1期，第78～82页。

［20］平萍：《中国城镇多维贫困测度及反贫困政策研究》南开大学，2017年。

［21］郭君平、谭清香、曲颂：《进城农民工家庭贫困的测量与分析——基于"收入—消费—多维"视角》，载《中国农村经济》2018年第9期，第94～109页。

［22］袁志刚、解栋栋：《统筹城乡发展：人力资本与土地资本的协调再配置（英文）》，载《中国特色社会主义研究》2011年第S2期，第31～42页。

［23］杨文健、康红梅：《环卫业农民工的生存困境及其对策研究——以江苏省南京市为个案》，载《海南大学学报（人文社会科学版）》2012年第1期，第119～124页。

［24］孙咏梅：《中国农民工精神贫困识别及精准扶贫策略——基于建筑业的调查》，载《社会科学辑刊》2016年第2期，第76～84页。

［25］Sen A. K. Issues in the Measurement of Poverty ［J］. *The Scandinavian Journal of*

Economics，1979，81（2）：285 – 307.

［26］Alkire S，Foster J E. Counting and Multidimensional Poverty Measures ［R］. OPHI Working Paper，2007，No 7.

［27］UNDP. Human Development Report ［R］. New York：Oxford University Press，1990.

Multidimensional Relative Poverty Governance of Migrant Workers: The Way Which Must Be Passed Towards Common Prosperity

He Kun

(School of Marxism, Tianjin University of Commerce, Tianjin 300134, China; Tianjin Research Center for Theoretical System of Socialism with Chinese Characteristics, Tianjin 300191, China)

Abstract: After the successful conclusion of the battle against poverty, China's poverty alleviation work will shift from eradicating absolute poverty to addressing relative poverty with a focus on common prosperity. As the extension of rural families to cities and towns, the reserve army of new urbanized citizens and the main force of China's industrial workers, migrant workers are an indispensable part of the process of relative poverty management and common prosperity in the future. Through the analysis of the connotation and strategic significance of the thought of common prosperity and its relationship with the multidimensional relative poverty management of migrant workers, this paper holds that the strategic goal of common prosperity and multidimensional relative poverty management of migrant workers are highly identical in essence and final goal. Multidimensional relative poverty governance promote the migrant workers, improve their reality in employment, housing, children's education, and many other dimensions. On the other hand, multidimensional relative poverty governance could stimulate the potential of this group to drive economic growth and promote the rapid development of social productivity. At the same time, it will narrow the gap between the migrant worker group and the rural families behind it and other groups, improve the pattern of income distribution, and be conducive to "making the cake bigger and better" at the same time "cutting and dividing the cake", we will continue to enhance our core strength towards common prosperity in promoting economic growth.

Keywords: Common prosperity; migrant workers; multidimensional relative poverty

金融资产持有对我国居民收入流动性影响研究

王　晓　王　鑫　李娇娇*

【摘要】 伴随着中国金融市场的不断完善和居民家庭收入的不断提升，厘清家庭持有金融资产对收入流动性的影响是实现全体人民共同富裕的重要保障。本文利用 2011 ~ 2017 年中国家庭金融调查数据（CHFS），构建了家庭层面的收入流动指标，通过使用 logit 模型实证分析持有金融资产对我国收入流动性的影响。研究表明，家庭金融资产能较显著地影响我国的收入流动性，在区分流动方向后结果依旧显著，该结论经过一系列稳健性检验后依然成立；同时，在东中部地区与城市地区，家庭持有金融资产对收入流动的抑制效应更强。本文的研究结论为进一步深化金融改革，提高收入流动性、缩小收入差距具有重要理论与现实意义。

【关键词】 金融资产　收入流动性　居民收入差距

一、引　　言

改革开放 40 多年以来，中国经济持续保持高速增长，经济总量稳居世界第二，城乡居民收入显著提高，2021 年人均 GDP 已经超过 1 万美元①。但社会经济发展不平衡不充分的问题依然突出，社会主要矛盾已经转化为"人民日益增长的美好生活需要和不平衡不充分发展之间的矛盾"②，原因在于背后存在诸多结构性扭曲，比如城乡分割、收入不平等与收入差距扩大等。2022 年李克强总理的《政府工作报告》指出"要坚持以人民为中心的发展思想，依靠共同奋斗，扎实推进共同富裕，不断实现人民对美好生活的向往"③。因此，探究贫富差距的成因、厘清收入流动性的变化以及缩小收入不平等不仅是贯彻落实国家与政府政策的需要，更是实现全体人民共同富裕的

---

* 作者简介：王晓（1983 ~ ），女，汉族，山东淄博人，山东财经大学经济学院副教授，主要研究方向：收入分配与共同富裕。王鑫（1998 ~ ），女，汉族，山东临沂人，山东财经大学经济学院硕士研究生，主要研究方向：收入流动。李娇娇（1995 ~ ），女，汉族，山东日照人，山东财经大学经济学院硕士研究生，主要研究方向：收入流动。

① 资料来源：国家统计局年度统计公报（2021 年）。

② 习近平：《决胜全面建成小康社会夺取新时代中国特色社会主义伟大胜利》，2017 年 10 月 18 日。

③ 李克强：《2022 年国务院政府工作报告》，2022 年 3 月 11 日。

重要保障。

　　多数学者认为，以特定年份家庭或个人的收入为基础来测度收入差距，这种静态测度法可能适用于运行相对平稳的成熟经济，但用于高速发展和变化的新兴经济体却很可能导致研究结论片面。也有学者指出应从动态视角探讨收入差距的变动情况，即对收入流动性问题的研究。收入流动性考察的是同一个人或同一组人不同时期的收入在同一群体中收入位次的变化。一个社会具有较高的收入流动性，意味着人们相对收入地位是不稳定的，在不同时期内出现相互交替的变化，而这恰恰反映了机会上的均等。由此可见，引入动态研究视角，才能对我国居民收入差距有更为清晰的认识。

　　作为一种稀缺要素资源，金融在现代经济发展中存在不可替代的作用。从 2000 年到未受新冠肺炎疫情影响的 2019 年，中国家庭财富总额从 3.7 万亿美元增长至 78.08 万亿美元，居全球第二位①。随着近年来我国金融市场逐渐完善，各种金融工具不断涌现，很大一部分家庭的收入开始来自以金融资产为代表的各类财产性收益。在此基础上，本文思考，既然金融资产与居民收入具有较强的相关性，那么金融资产的持有是否会影响收入流动性？如果答案是肯定的，那么这种影响背后的机制是什么？是否会存在影响的异质性特征？深入研究上述问题将有助于厘清影响家庭收入流动性的金融诱因，并为更好实现社会公平与共同富裕提供理论参考。现有研究的基础上，本文的边际贡献包括：（1）已有研究主要关注金融资产是否扩大了不平等，及金融发展影响收入不平等的主要机制，鲜有文献关注金融资产与收入流动性的关系。本文深入探讨了家庭金融资产的持有对于收入流动性的影响，在一定程度上拓宽了收入流动性的研究视域。（2）通过基于不同维度的异质性分析探讨金融资产与收入流动性的关系，为金融资产的财富效应提供了更为丰实的经验证据。

　　本文结构安排为：第二部分是文献综述；第三部分是研究设计；第四部分是基本实证结果与分析；第五部分是金融资产影响收入流动性的异质性分析；第六部分是进一步讨论：基于机会与收入不平等的再探讨；第七部分是结论与对策建议。

二、文 献 综 述

　　诸多研究主要聚焦于收入流动性的测度与影响因素，国内外学者多利用微观数据库，全面展开了对金融资产与居民收入两者关系的研究。格林伍德和约万诺维奇（Greenwood and Jovanovic，1990）最早将金融资产、金融发展与收入不平等联系起来构建理论模型，发现金融发展和收入不平等之间存在

---

　　①　资料来源：《中国家庭财富调查报告 2019》，2019 年 10 月 30 日。

倒 "U" 型关系[①]。学术界基于该模型进行了扩展研究，主要存在以下三种观点：

1. 金融发展导致收入不平等

加洛尔和泽拉（Galor and Zeira，1993）[②] 认为信贷约束等问题导致不同收入等级的投资者选择金融资产时不是完全平等的，这种不平等拉大了原有的收入等级差距；蒂瓦里等（Tiwari et al.，2013）以印度金融与收入等数据为样本，发现金融发展在一定程度上扩大了收入不平等，对于金融市场与金融资产发展不够完善的新兴经济体和国家，该现象则更为普遍[③]；塞温和科斯昆（Seven and Coskun，2016）考察了新兴市场国家金融发展对收入等级变化的影响，发现虽然金融发展促进了新兴经济体的经济增长，但并未使低收入群体受益，因此加剧了收入不平等程度[④]。

2. 金融发展可以提高低收入者的收入等级并降低收入不平等

班纳吉和纽曼（Banerjee and Newman，1993）[⑤]、加洛尔和泽拉（Galor and Zeira，1993）、德米尔古·昆特（Demirgü – Kunt，2009）[⑥] 等认为，只有足够发达的金融市场才会缓解收入不平等；普雷特（Prete，2013）通过实证分析也指出，随着金融市场日趋成熟，投资机会将大量涌现，并衍生更多可选择的金融工具，收入不平等现象也会缓和[⑦]；张昭和王爱萍（2016）利用中国 2002～2013 年省际层面数据为样本，发现中国当前的金融市场和现存的金融类资产对我国收入不平等存在减缓效应，并认为金融发展对收入不平等的影响是长期演化的结果[⑧]。

3. 金融发展对收入不平等的影响遵循倒 "U" 型规律

班纳吉和纽曼（Banerjee and Newman，1993）通过研究发现高收入群体进入金融市场之前就拥有较多的财富，可以打造多样化且利润率高的资产组

---

① Greenwood, Jeremy, Boyan, Javanovic. Financial Development Growth and the Distribution of Income [J]. *Journal of Political Economy*, 1990, 98 (5): 1076 – 1107.

② Galor O and Zeira J. Income Distribution and Macroeconomics [J]. *The Review of Economic Studies*, 1993, 60: 35 – 52.

③ Tiwari A K, Shahbaz M and Islam F. Does Financial Development Increase Rural – urban Income Inequality?: Cointegration Analysis in the Case of Indian Economy [J]. *International Journal of Social Economics*, 2013, 40 (2): 151 – 168.

④ Seven U and Coskun Y. Does Financial Development Reduce Income Inequality and Poverty? —— Evidence from Emerging Countries [J]. *Emerging Markets Review*, 2016, 26 (3): 34 – 63.

⑤ Banerjee and Newman. Occupational Choice and the Process of Development [J]. *Journal of Political Economy*, 1993, (2): 55 – 67.

⑥ Demirgü – Kunt, Levine. Finance and Inequality: Theory and Evidence [J]. *Annual Review of Financial Economics*, 2009, (1): 287 – 318.

⑦ Prete A. L. Economic Literacy, Inequality, and Financial Development [J]. *Economics Letters*, 2013, 118 (1): 74 – 76.

⑧ 张昭、王爱萍：《金融发展对收入不平等影响的再考察——理论分析与经验数据解释》，载《经济科学》2016 年第 5 期，第 31～44 页。

合，因此在金融市场的处境优于低收入家庭，这将加剧收入不平等现象。随着低收入家庭进行了一定程度的资产积累，其在金融交易时的不平等地位将得到有效改善，从而缩小收入差距。不少学者针对金融发展与中国收入不平等之间的关系也进行了研究，比如余玲铮（2012）利用中国省际数据检验了中国金融市场发展与收入不平等的关系，发现金融发展对收入不平等的影响非线性[①]。

以上文献丰富了本文对代内收入流动及其影响因素家庭金融资产的认识和理解，但目前有关代内收入流动影响因素方面的研究，主要集中于人力资本、家庭背景、政府投资等方面。关于金融资产等财富资本对整个社会代内传递的影响也仅限于理论方面，虽然有越来越多的研究者已经意识到金融市场以及金融资产对社会代内收入流动与经济发展的影响，但是大多都停留在理论分析阶段，并未提供严谨的理论及实证支持。因此，本文以"家庭持有金融资产"这一角度为切入点，研究其对收入流动性的影响。

三、研 究 设 计

（一）数据来源

本文研究样本源自 2011～2017 年共 4 次的中国家庭金融调查（CHFS）数据，共包括大约 10000 个家庭金融相关信息，目前已进行了 5 次追踪调查，本文样本涵盖 25 个省份、自治区和直辖市。对数据进行如下处理：选取户主年龄 18 周岁以上的样本，与家庭总收入以及总人口进行匹配，计算出家庭平均收入，考虑到本文研究金融资产相关方面，剔除了部分缺失金融资产数据的省份，对收入、资产支出变量进行了上下 1% 的截尾处理，并剔除了家庭总收入或家庭总资产为负的样本，最后得到 12231 个有效观测值[②]。

（二）模型设定与典型特征

1. 模型设定

本文基于微观维度实证检验金融资产对收入流动性的影响，以居民在收入等级中是否流动及流动方向为被解释变量，以是否拥有金融资产为主要解释变量，并选取相应的控制变量，构建 logit 模型进行分析，基准模型设定如下：

$$M_{i,c,t} = \beta_0 + \beta_1 financial_{c,t} + \beta_2 Controls_{i,t} + \mu_c + \gamma_t + \varepsilon_{i,t} \qquad (1)$$

[①] 余玲铮、魏下海：《金融发展加剧了中国收入不平等吗？——基于门槛回归模型的证据》，载《财经研究》2012 年第 3 期，第 105～114 页。

[②] 资料来源：《中国家庭金融调查数据》（2011～2017 年）。

其中下标 i、c、t 分别表示个体、城市和年份。$M_{i,c,t}$ 是被解释变量，即收入流动，核心解释变量 $financial_{c,t}$ 是持有金融资产的虚拟变量，居民拥有金融资产取值为 1，否则为 0，系数 β_1 代表拥有金融资产对居民收入流动性的影响，反映了拥有金融资产对收入流动性的影响程度与收入流动方向。$Controls_{i,t}$ 为个体层面的控制变量，包括户主特征、家庭层面特征、人口特征。μ_c 和 γ_t 分别为城市固定效应和时间固定效应，$\varepsilon_{i,t}$ 是随机误差项。为了克服扰动项可能存在的相关性问题，本文将标准误聚类至地级市层面。

2. 变量界定

（1）被解释变量：收入流动性。借鉴目前学术界通用的做法，本文使用每个家庭人均收入所处的等级序位衡量收入流动性。具体来说，将家庭人均收入在 CHFS 不同调查年份分别进行百分比排序，然后将收入排序从小到大划分为 10 个等级，赋值为 1 ~ 10，若在每次调查中的收入等级不同，则该家庭发生了收入流动（mobile），mobile 指标取 1，否则取 0。mobile 仅反映家庭收入等级的不同，即仅体现每个家庭收入是否发生流动以及收入流动性的大小，没有具体刻画收入流动的动态变动方向，无法反映收入流动性的全貌，为此本文还进行如下两个维度的定义：若本年度 CHFS 的收入等级高于上一年度的收入等级，则该家庭发生了向上流动（记为 upward，收入分位数等级取值为 1，否则为 0），反之则向下流动（记为 downward，收入分位数等级取值为 1，否则为 0）。

（2）核心解释变量：持有金融资产。结合 CHFS2011 ~ 2017 年的调查问卷，筛选家庭是否持有金融资产作为解释变量。CHFS 所定义的金融资产包括活期存款、定期存款、股票、基金、理财产品、债券、衍生品、非人民币资产、黄金、现金、借出款等。本文结合 CHFS 问卷的问题，参考张大永等（2012）[1] 的做法，在原定义的基础上剔除存款、现金、借出款等变量，因此金融资产的定义为股票、债券、基金、衍生品、黄金、金融理财产品及其他金融产品，家庭持有以上资产之一的视为持有金融资产，financial 取 1，否则取 0。

（3）控制变量。为了缓解遗漏变量导致的估计偏差。本文参考卢亚娟等（2019）[2] 做法，控制了可能影响收入流动的变量。户主个人层面：年龄（age）、年龄的平方（age^2）、性别（sex）、政治面貌虚拟变量（political）、婚姻状况虚拟变量（marriage）、健康状况虚拟变量（health）、工作类型虚拟变量（work）；家庭层面：家庭拥有住房的数量（house）、风险态度虚拟变量（attitude）与家庭幸福感虚拟变量（happiness）。本文选取的数据均为户

① 张大永、曹红：《家庭财富与消费：基于微观调查数据的分析》，载《经济研究》2012 年第 1 期，第 53 ~ 65 页。

② 卢亚娟、张雯涵、孟丹丹：《社会养老保险对家庭金融资产配置的影响研究》，载《保险研究》2019 年第 12 期，第 108 ~ 119 页。

主的特征，因为一般情况下户主在家庭决策中占主要地位，在数据中具有代表性。所有变量的描述性统计如表 1 所示。

表 1　　　　　　　　　　　变量定义与描述性统计结果

变量	符号	变量名称	N	mean	sd	min	max
被解释变量	mobile	是否流动	12231	0.7555	0.4298	0	1
	upward	向上流动	12231	0.3816	0.4858	0	1
	downward	向下流动	12231	0.4858	0.4839	0	1
	Lnic	平均收入取对数	12231	9.3419	1.1185	4.3751	13.461
解释变量	financial	是否持有金融资产	12231	0.2477	0.4317	0	1
	course	是否上过金融课程	12230	0.0509	0.2197	0	1
控制变量	60gender	性别	12231	1.1872	0.3901	1	2
	Age	户主年龄	12231	53.5004	12.9036	18	90
	Age^2	户主年龄平方	12231	3028.788	1413.2826	324	8100
	political	政治面貌	12231	3.3966	1.1349	0	4
	marriage	婚姻状况	12231	2.2852	1.0567	0	6
	health	健康状况	12229	1.0991	1.3175	0	5
	work	工作类型	12231	1.6214	1.4129	0	7
	attitude	投资风险态度	12231	4.1517	1.2739	0	9
	house	房屋数量	12226	1.0991	18.0678	0	99
	happiness	幸福感	12227	2.2865	0.8468	0	9
工具变量	social	是否接入网络	12227	0.0407	0.3197	0	1

四、基本实证结果与分析

（一）基准结果与分析

表 2 为基准回归结果，本文采用 logit 模型进行处理。第（1）列为金融资产持有对收入流动性（mobile）的影响结果，financial 系数在 1% 的水平上显著为负，说明家庭拥有金融资产并不利于各收入阶层产生跨等级的收入流动，即拥有金融资产会导致一定程度的阶层固化。进一步加入控制变量后，financial 系数仍显著为负（见第（2）列）。第（3）~第（6）列考察了家庭持有金融资产对收入流动方向的影响，第（5）、第（6）列 financial 系数显

著为负，表明家庭持有金融资产显著阻碍了位于高收入等级家庭向低收入等级流动的概率，这进一步佐证了金融资产持有会带来阶层固化。表 2 结果的原因是，现阶段持有更多金融资产的家庭仍然是高收入等级的家庭，这部分家庭更可能通过持有金融资产获得额外收入，而低收入等级的家庭难以通过持有金融资产获利，阻碍了收入的向上流动，降低了收入流动性。

表 2　　　　　　　　　　　　　　　　基准估计结果

变量	mobile (1)	mobile (2)	upward (3)	upward (4)	downward (5)	downward (6)
financial	-0.2667 *** (0.0525)	-0.2473 *** (0.0532)	-0.0801 * (0.0480)	-0.0925 * (0.0486)	-0.1344 *** (0.0484)	-0.1064 ** (0.0490)
gender		0.0216 (0.0602)		-0.1317 ** (0.0538)		0.1488 *** (0.0531)
age		0.0501 *** (0.0114)		0.0300 *** (0.0108)		0.0131 (0.0109)
age^2		-0.0005 *** (0.0001)		-0.0003 *** (0.0001)		-0.0002 (0.0001)
political		0.0284 (0.0198)		-0.0172 (0.0177)		0.0419 ** (0.0181)
marriage		0.0279 (0.0227)		-0.0041 (0.0199)		0.0263 (0.0197)
health		-0.0766 *** (0.0187)		-0.0105 (0.0162)		-0.0474 *** (0.0166)
work		0.0530 *** (0.0181)		0.0000 (0.0152)		0.0391 ** (0.0155)
attitude		0.0374 ** (0.0180)		-0.0168 (0.0154)		0.0460 *** (0.0158)
house		-0.0004 (0.0011)		-0.0007 (0.0011)		0.0005 (0.0010)
happiness		0.0822 *** (0.0268)		-0.0283 (0.0231)		0.0885 *** (0.0234)
_cons	1.2911 *** (0.1990)	-0.3061 (0.3738)	-0.5838 *** (0.1806)	-0.9583 *** (0.3464)	-0.3059 * (0.1733)	-1.2706 *** (0.3424)

续表

变量	mobile	mobile	upward	upward	downward	downward
	（1）	（2）	（3）	（4）	（5）	（6）
N	12231	12214	12231	12214	12231	12214
R^2	0.0299	0.0343	0.0076	0.0084	0.0081	0.0121
year	yes	yes	yes	yes	yes	yes
city	yes	yes	yes	yes	yes	yes

注：括号中是稳健标准误；***、**、*分别表示为1%、5%和10%的水平下显著。

（二）稳健性检验

为了保证结果稳健性，本文分别采用 Probit 和 OLS 模型进行估计，表 3 第（1）~第（3）列为 Probit 模型回归结果，第（4）~第（6）列为 OLS 模型回归结果。在更换回归方法后，financial 系数在 1% 的水平上依旧显著为负，表明金融资产持有仍显著抑制了居民收入流动性的提升，即不利于家庭收入地位的转变。

表 3 更换回归方法结果

变量	Probit			OLS		
	mobile	upward	downward	mobile	upward	downward
	（1）	（2）	（3）	（4）	（5）	（6）
financial	−0.1443***	−0.0575*	−0.0665**	−0.0457***	−0.0216*	−0.0241**
	（0.0316）	（0.0299）	（0.0301）	（0.0100）	（0.0113）	（0.0111）
N	12214	12214	12214	12214	12214	12214
R^2	0.0341	0.0084	0.0122	0.039	0.011	0.016
year	no	no	no	yes	yes	yes
city	no	no	no	yes	yes	yes

注：括号中是稳健标准误；***、**、*分别表示为1%、5%和10%的水平下显著。

借鉴宋宝琳（2021）[①] 的做法缩小样本量，删除北京、天津、重庆、上海四个直辖市的样本数据，考察金融资产持有对收入流动性的影响。结果见表 4 的（1）~（3）列，第（1）列为拥有金融资产对 mobile 的影响结果，在删除了直辖市样本后，financial 系数依旧在 1% 的水平上显著为负，且与基

———————————

① 宋宝琳：《风险性金融资产投资能提升家庭财富水平吗？——基于城镇家庭微观数据的实证分析》，载《投资研究》2021 年第 4 期，第 29~46 页。

准回归数值 -0.2473 相比没有显著变化，家庭拥有金融资产阻碍了收入流动并抑制收入流动性提高的结论仍然成立。

表 4　　　　　　　　　　　　　其他稳健性检验

变量	删除直辖市样本			变换核心被解释变量	变换核心解释变量		
	mobile	upward	downward	lninc	mobile	upward	downward
	（1）	（2）	（3）	（4）	（5）	（6）	（7）
financial	-0.2467*** (0.0586)	-0.0845 (0.0523)	-0.1037** (0.0527)	0.4434*** (0.0213)			
course					-0.3867*** (0.0896)	-0.2667*** (0.0908)	-0.0878 (0.0901)
N	10865	10865	10865	12214	12213	12213	12213
R^2	0.0257	0.0070	0.0106	0.335	0.0357	0.0092	0.0121
year	yes	yes	yes	yes	yes	yes	yes
city	yes	yes	yes	yes	yes	yes	yes

注：括号中是稳健标准误；***、**、*分别表示为1%、5%和10%的水平下显著。

为了进一步印证结果的稳健性，本文参考舒建平等（2021）[①] 的做法，以对数化的家庭人均收入作为核心被解释变量进行稳健性检验，表 4 第（4）列说明即使变换核心被解释变量，家庭拥有金融资产依旧显著增加了收入，使拥有金融资产的高收入等级家庭一直处在较高的收入位次。同时，本文采用是否参与金融培训课程作为核心解释变量，因为参与金融培训课程的家庭往往会具有更高的金融素养，在金融市场上更倾向于持有金融资产，结果为表 4 第（5）~第（7）列，替换后的 course 变量系数也显著为负，再次表明基准结果的稳健性。

五、金融资产影响收入流动性的异质性分析

考虑到家庭持有金融资产未必对所有地区的收入流动性产生同等影响，地区和城乡因素不同将可能影响金融资产持有与收入流动性的关系，为此从不同地区和城乡的差异化特征切入，探讨家庭持有金融资产对收入流动性影响的异质性。

---

① 舒建平、吴扬晖、唐文娟：《家庭人均收入与家庭金融资产配置：影响效应和异质性》，载《西部论坛》2021 年第 3 期，第 57~71 页。

（一）地区异质性

由于中国区域经济非均衡发展情况长期存在，致使中西部地区与东部地区经济发展存在较大不同，那么，对于不同地区的家庭而言，持有金融资产的影响效应是否也存在显著差异？为了回答该问题，本文对家庭持有金融资产对收入流动性的区域异质性进行分析，结果如表5所示。

表5 异质性分析结果一

变量	东部地区			中部地区			西部地区		
	（1）	（2）	（3）	（4）	（5）	（6）	（7）	（8）	（9）
	mobile	upward	downward	mobile	upward	downward	mobile	upward	downward
financial	−0.2903*** (0.0745)	−0.1443** (0.0694)	−0.1105 (0.0707)	−0.2139** (0.1006)	−0.0339 (0.0875)	−0.0337 (0.1123)	−0.1446 (0.1263)	−0.0744 (0.1116)	−0.0337 (0.1123)
N	5061	5061	5061	4234	4234	2919	2919	2919	2919
R^2	0.0500	0.0112	0.0202	0.0212	0.0084	0.0082	0.0207	0.0072	0.0097
year	yes	yes	yes	yes	yes	yes	yes	yes	yes
city	yes	yes	yes	yes	yes	yes	yes	yes	yes

注：括号中是稳健标准误；***、**、*分别表示为1%、5%和10%的水平下显著。

表5第（1）~第（9）列分别展示了不同区域的回归结果，具体来看，家庭持有金融资产对东中部城市的影响显著为负，对于西部家庭来说，系数也为负，但结果并不显著。这表明家庭持有金融资产对东部地区收入流动性的影响大于西部地区，与刘润芳和郝一格（2021）[1] 的结论一致，这也与东部地区经济发展水平较高，家庭持有金融资产的数量较多有一定关系。

（二）城乡异质性

尹恒（2006）的研究认为，收入流动性在城乡之间存在明显差异[2]，为了进一步验证家庭持有金融资产在不同地区发挥的异质性作用，本文对城市地区和农村地区进行分类研究，表6第（1）~第（6）列为相应的检验结果，第（1）、第（4）列为金融资产持有对农村以及城市地区mobile的影响结果，农村地区的financial系数并不显著，城市地区的financial系数在1%的水平上显著为负，且数值大于农村地区，该结果可能是由于农村地区整体

---

① 刘润芳、郝一格、邵鑫鑫：《家庭资产对居民收入代际传递的影响——基于CFPS经验数据分析》，载《西北人口》2021年第4期，第82~92页。

② 尹恒、李实、邓曲恒：《中国城镇个人收入流动性研究》，载《经济研究》2006年第10期，第30~43页。

家庭收入较低，选择持有金融资产的家庭也比较少，导致金融资产持有对收入流动性的影响并不显著。而城市地区因为持有金融资产的家庭较多，因此金融资产持有的影响效应更为显著。

表6　　　　　　　　　　　　　　异质性分析结果二

变量	农村地区			城市地区		
	（1）	（2）	（3）	（4）	（5）	（6）
	mobile	upward	downward	mobile	upward	downward
financial	−0.1101 (0.1064)	0.0953 (0.0888)	−0.1756 * (0.0916)	−0.2500 *** (0.0643)	−0.0824 (0.0606)	−0.1300 ** (0.0604)
N	5777	5777	5777	6437	6437	6437
R²	0.0233	0.0104	0.0107	0.0452	0.0194	0.0132
year	yes	yes	yes	yes	yes	yes
city	yes	yes	yes	yes	yes	yes

注：括号中是稳健标准误；*** 、** 、* 分别表示为1%、5%和10%的水平下显著。

六、进一步讨论：基于机会与收入不平等的再探讨

由前文分析得知，家庭金融资产差距是产生居民收入差距的重要原因，结论与李健旋（2018）① 一致。因此本文从研究收入流动性为切入点，检验金融资产持有对收入不平等的影响。具体而言，将家庭收入按照高于或低于平均收入水平划分为两组，低于收入均值为低收入水平家庭，高于收入均值为高收入水平家庭，结果如表7所示，家庭持有金融资产对高收入水平家庭流动性的影响系数为 −0.3523，这与基准回归结果一致，进一步对向下流动进行分析后发现，影响系数为 −0.2759，两者通过了显著性检验，说明家庭持有金融资产显著阻碍了高收入家庭向低收入等级移动，从而阻碍了整个高收入水平家庭的整体流动性；低收入水平家庭的整体 financial 系数为 0.1270，系数为正，该结果意味着低收入水平的家庭参与到金融市场选择持有金融资产对收入流动性带来的是正面的影响，即持有金融资产为低收入水平家庭带来了更多机会与空间。

---

① 李健旋、赵林度：《金融集聚、生产率增长与城乡收入差距的实证分析——基于动态空间面板模型》，载《中国管理科学》2018 年第 12 期，第 34～43 页。

表 7 金融资产对高低收入家庭流动性分析

变量	高收入家庭			低收入家庭		
	mobile	upward	downward	mobile	upward	downward
	（1）	（2）	（3）	（4）	（5）	（6）
financial	− 0. 3523 *** (0. 0815)	− 0. 0790 (0. 0818)	− 0. 2759 *** (0. 0812)	0. 1270 (0. 0823)	0. 0402 (0. 0636)	0. 0390 (0. 0641)
gender	0. 0855 (0. 0954)	− 0. 0132 (0. 0960)	0. 1029 (0. 0942)	− 0. 0069 (0. 0788)	− 0. 1773 *** (0. 0661)	0. 1716 *** (0. 0653)
age	0. 0562 *** (0. 0186)	0. 0275 (0. 0193)	0. 0310 (0. 0196)	0. 0392 *** (0. 0152)	0. 0274 ** (0. 0132)	0. 0029 (0. 0133)
age^2	− 0. 0005 *** (0. 0002)	− 0. 0002 (0. 0002)	− 0. 0003 * (0. 0002)	− 0. 0004 *** (0. 0001)	− 0. 0003 ** (0. 0001)	− 0. 0001 (0. 0001)
political	0. 0668 ** (0. 0330)	0. 0038 (0. 0336)	0. 0617 * (0. 0335)	− 0. 0311 (0. 0266)	− 0. 0494 ** (0. 0213)	0. 0308 (0. 0220)
marriage	0. 0782 * (0. 0411)	0. 0063 (0. 0390)	0. 0630 * (0. 0381)	− 0. 0061 (0. 0273)	− 0. 0164 (0. 0233)	0. 0120 (0. 0234)
health	− 0. 1042 *** (0. 0352)	− 0. 0358 (0. 0342)	− 0. 0594 * (0. 0348)	− 0. 0429 * (0. 0229)	0. 0078 (0. 0188)	− 0. 0366 * (0. 0193)
work	0. 1237 *** (0. 0368)	0. 0352 (0. 0331)	0. 0701 ** (0. 0324)	0. 0162 (0. 0219)	− 0. 0248 (0. 0175)	0. 0365 ** (0. 0180)
attitude	0. 0496 (0. 0311)	− 0. 0182 (0. 0316)	0. 0696 ** (0. 0314)	− 0. 0024 (0. 0229)	− 0. 0326 * (0. 0180)	0. 0321 * (0. 0186)
house	0. 0050 (0. 0037)	0. 0008 (0. 0015)	0. 0002 (0. 0014)	− 0. 0017 (0. 0015)	− 0. 0041 *** (0. 0010)	0. 0005 (0. 0014)
happiness	0. 1356 *** (0. 0498)	0. 0402 (0. 0484)	0. 0886 * (0. 0482)	0. 0369 (0. 0321)	− 0. 0683 ** (0. 0268)	0. 0931 *** (0. 0270)
_cons	− 0. 9077 (0. 7342)	− 1. 8937 ** (0. 8473)	− 0. 3869 (0. 8938)	0. 4827 (0. 4676)	− 0. 4594 (0. 4083)	− 1. 1058 *** (0. 4054)
N	3712	3730	3730	8483	8483	8483
R^2	0. 0630	0. 0147	0. 0375	0. 0186	0. 0099	0. 0087
year	yes	yes	yes	yes	yes	yes
city	yes	yes	yes	yes	yes	yes

注：括号中是稳健标准误；*** 、** 、* 分别表示为1%、5%和10%的水平下显著。

七、结论与对策建议

文章以 2011～2017 年共 4 次的中国家庭金融调查（CHFS）数据为样本，运用 Logit 模型来分析金融资产持有对收入流动性的影响，具体结论如下：（1）持有金融资产能够显著影响收入流动性，在区分流动方向后结果依旧显著，该结论经过变换回归方法、替换变量、删除部分数据量等一系列稳健性检验后依然成立；（2）通过对地区以及城乡异质性进行分析后，发现在东中部地区与城市地区，家庭持有金融资产对收入流动性的抑制效应更强；（3）通过进一步分析家庭持有金融资产和收入不平等之间的关系后发现：家庭持有金融资产显著阻碍了高收入家庭向低收入等级移动，该情况在一定程度上加剧了收入不平等。基于以上研究结论，本文提出以下对策建议：

第一，鉴于持有金融资产能够对收入流动性产生显著影响，因此应当进一步完善我国的金融市场，促进金融市场健康发展，营造良好的投资氛围，降低家庭进入金融市场的准入门槛，让更多的家庭选择合适的金融资产，提高信息透明度，减少金融资产购买中的信息不对称现象。保护广大中小投资者利益，使更多的家庭愿意参与金融市场，使居民手中金融资产有较高的回报，享受到经济与金融发展的红利。

第二，要适度扩大金融资产投资规模，由于金融资产能够给家庭带来较高的收益，提升家庭的财富水平，所以应在风险可控的范围内适当地扩大金融资产投资规模，借鉴发达国家丰富的金融市场建设经验，扩大资本市场规模，推动资本市场创新，增加金融产品的种类。

第三，持有金融资产对收入流动性的影响存在异质性特征，因此应制定差异化的政策。建立政府政策性金融引导、商业性金融大力参与的金融服务体系，引导更多的金融资源和金融资产向西部地区及农村地区倾斜。加强农村金融服务，在农村建设普惠金融服务网点，落实政府工作报告中提出的推动普惠金融发展，扩大普惠金融覆盖面的政策要求。

参 考 文 献

［1］Greenwood, Jeremy, Boyan, Javanovic. Financial Development Growth and the Distribution of Income ［J］. *Journal of Political Economy*, 1990, 98（5）: 1076 – 1107.

［2］Galor O and Zeira J. Income Distribution and Macroeconomics ［J］. *The Review of Economic Studies*, 1993, 60: 35 – 52.

［3］Tiwari A K, Shahbaz M and Islam F. Does Financial Development Increase Rural – urban Income Inequality?: Cointegration Analysis in the Case of Indian Economy ［J］. *International Journal of Social Economics*, 2013, 40（2）: 151 – 168.

［4］Seven U and Coskun Y. Does Financial Development Reduce Income Inequality and Poverty? ——Evidence from Emerging Countries ［J］. *Emerging Markets Review*, 2016, 26

（3）：34 – 63.

［5］Banerjee and Newman. Occupational Choice and the Process of Development ［J］. *Journal of Political Economy*，1993，（2）：55 – 67.

［6］Demirgü – Kunt，Levine. Finance and Inequality：Theory and Evidence ［J］. *Annual Review of Financial Economics*，2009，（1）：287 – 318.

［7］Prete A. L. Economic Literacy，Inequality，and Financial Development ［J］. *Economics Letters*，2013，118（1）：74 – 76.

［8］张昭、王爱萍：《金融发展对收入不平等影响的再考察——理论分析与经验数据解释》，载《经济科学》2016 年第 5 期，第 31 ~ 44 页。

［9］余玲铮、魏下海：《金融发展加剧了中国收入不平等吗？——基于门槛回归模型的证据》，载《财经研究》2012 年第 3 期，第 105 ~ 114 页。

［10］张大永、曹红：《家庭财富与消费：基于微观调查数据的分析》，载《经济研究》2012 年第 1 期，第 53 ~ 65 页。

［11］卢亚娟、张雯涵、孟丹丹：《社会养老保险对家庭金融资产配置的影响研究》，载《保险研究》2019 年第 12 期，第 108 ~ 119 页。

［12］宋宝琳：《风险性金融资产投资能提升家庭财富水平吗？——基于城镇家庭微观数据的实证分析》，载《投资研究》2021 年第 4 期，第 29 ~ 46 页。

［13］舒建平、吴扬晖、唐文娟：《家庭人均收入与家庭金融资产配置：影响效应和异质性》，载《西部论坛》2021 年第 3 期，第 57 ~ 71 页。

［14］刘润芳、郝一格、邵鑫鑫：《家庭资产对居民收入代际传递的影响——基于 CFPS 经验数据分析》，载《西北人口》2021 年第 4 期，第 82 ~ 92 页。

［15］尹恒、李实、邓曲恒：《中国城镇个人收入流动性研究》，载《经济研究》2006 年第 10 期，第 30 ~ 43 页。

［16］陈斌开、张淑娟、申广军：《义务教育能提高代际流动性吗》，载《金融研究》2021 年第 6 期，第 76 ~ 94 页。

［17］李健旋、赵林度：《金融集聚、生产率增长与城乡收入差距的实证分析——基于动态空间面板模型》，载《中国管理科学》2018 年第 12 期，第 34 ~ 43 页。

Research on the Impact of Financial Assets on Income Mobility

Wang Xiao　Wang Xin　Li Jiaojiao

（Shandong University of Finance and Economics, Shandong jinan 250014）

Abstract: With the continuous improvement of China's financial market and the continuous improvement of household income, it is an important guarantee to clarify the impact of household holding financial assets on income flow. Based on the Data of China Household Finance Survey（CHFS）from 2011 to 2017, this paper constructs a household-level income mobility index, by using the transformation matrix, income flow elasticity and logit model. The results show that household financial assets have a significant impact on income mobility in China, and the results are still significant after differentiating the flow direction. This conclusion is still valid after a series of robustness tests, such as regression method, substitution variables, quantile regression, partial data deletion and endogenous analysis. At the same time, in the eastern region, the central region and urban areas, the holding of financial assets by households has a stronger restraining effect on income flow, and it also has a more significant restraining effect on the downward income flow of families with high educational background. In addition, from the perspective of income flow, holding financial assets also plays an important role in understanding the income gap and poverty alleviation in China. The research conclusion of this paper provides policy enlightenment for further deepening financial reform and narrowing income gap, and has important theoretical and practical significance for promoting income flow and realizing common prosperity of all people.

Keywords: Financial assets; income flow; income gap

新发展阶段实现共同富裕的实践路径探究[*]

——以济南市灵岩村为例

李　琪　张晓云　田红丽^{**}

【摘要】共同富裕，是社会主义的本质规定，是中国共产党领导全国人民奋斗的共同目标。农民农村共同富裕，是全民共富所面临的最强挑战和最大机遇。在各地共同富裕的实践探索中，济南市灵岩村坚持以人民为中心的发展理念，因地制宜，在 4 年时间里把沉睡的自然资源变成村民的聚宝盆，摸索出一条带领村民实现共建、共创、共享的共富之路。鉴于此，本文以灵岩村的实践为对象，梳理其走向共同富裕的有效模式，总结该村共同富裕的经验在于：一是思想和能力过硬的基层党组织；二是因地制宜的产业选择；三是群众的自觉性；四是克服人才瓶颈的有效机制。

【关键词】共同富裕　产业融合　集体经济　因地制宜

一、问题的提出

共同富裕是社会主义的本质规定和奋斗目标，是中国式现代化的根本标志，也是社会主义制度优越性的集中体现。"为中国人民谋幸福、为中华民族谋复兴"①，一直是中国共产党成立百年来一以贯之的初心使命。实现共同富裕，则是让经济社会的发展成果更多更公平地惠及全体人民的具体体现。党的十八大以来，党中央始终把推进全体人民共同富裕放在治国理政的重要位置，推动地区协调发展、摆脱绝对贫困、实现全面小康，我国经济实力、综合国力和人民生活水平迈上新台阶，一个个阶段性成果为共同富裕的推进创造了坚实的条件。

在如期实现中国共产党第一个百年奋斗目标——"在中华大地上全面建

* 基金项目：本文为 2022 年度山东省艺术科学重点课题"文化旅游融合带动乡村产业振兴研究"的阶段性成果。

** 作者简介：李琪（1975～），女，汉族，山东济南人，济南市长清区农业农村局，高级农经师，研究方向为：乡村振兴。张晓云（1973～），女，汉族，山东济南人，济南市长清区农业农村局，农经师，研究方向为：乡村治理现代化。田红丽（1975～），女，汉族，山东济南人，济南市长清区农业农村局，农经师，研究方向为：高质量发展。

① 《习近平谈治国理政》（第三卷），外文出版社 2020 年版，第 1 页。

成了小康社会，历史性地解决了绝对贫困问题"① 后，我们步入了向社会主义现代化强国进军的第二个百年征程，而共同富裕，则是第二个百年奋斗目标的核心之一。2020 年党的十九届五中全会通过的《中共中央关于制定国民经济和社会发展第十四个五年规划和二〇三五年远景目标的建议》，把"全体人民共同富裕取得更为明显的实质性进展"列入"二〇三五年基本实现社会主义现代化远景目标"中，自此，"全体人民共同富裕"的宏伟目标有了具体的时间表，并正式进入到扎实推进的新阶段。

实现共同富裕的宏伟目标，短板和弱项在农村，"最艰巨最繁重的任务仍然在农村"②。习近平总书记在对《中共中央关于制定国民经济和社会发展第十四个五年规划和二〇三五年远景目标的建议》的说明中同样强调，"当前，我国发展不平衡不充分问题仍然突出，城乡区域发展和收入分配差距较大，促进全体人民共同富裕是一项长期任务"③。我国是一个农业大国，有超过 1/3 的人口生活在农村。2021 年，我国农村居民人均可支配收入18931 元，不考虑通货膨胀的影响，这一收入水平比 2010 年增长了 1.3 倍，比 2000 年增长了 4 倍；城乡居民收入差距为 2.5：1，比 2010 年的 3：1 有了明显改善④；步入新发展阶段的中国农村，"两不愁三保障"已全面实现。但不容忽视的是，长期以来，我国城乡发展仍存在突出的不平衡问题，这种不平衡累积而成的城乡差距和农业发展不充分导致农业农村在实现共同富裕的道路上处于明显的弱势，促进农民农村共同富裕也成了实现全民共同富裕所面临的最强挑战和最大机遇。只有积极探索促进农民农村共同富裕的实践路径，补齐中国式现代化的这一短板，才能进一步巩固脱贫攻坚和小康社会建设成果，面向 2035 年，面向下一个百年，为全民共同富裕目标的实现提供保障。

我国不少地区在推进乡村振兴和农民农村共同富裕方面已经成为排头兵，先行试水，在实践中总结出有推广价值的模式和经验。但农村地区分布广泛，在自然条件、基础设施建设、产业特征和市场化水平等方面存在一定的差异，因此，在学习借鉴已有经验和模式时，也要因地制宜、对症开方。

二、共同富裕的理论和实践探索

（一）共同富裕的理论研究

自共同富裕理念提出以来，学术界对于共同富裕主题开展了丰富的理论

---

① 《习近平重要讲话单行本（2021 年合订本）》，人民出版社 2022 年版，第 85 页。
② 习近平：《扎实推动共同富裕》，载《求是》2021 年第 20 期。
③ 本书编写组：《中共中央关于制定国民经济和社会发展第十四个五年规划和二〇三五年远景目标的建议》辅导读本，人民出版社 2020 年版。
④ 资料来源：国家统计局官网，https：//data. stats. gov. cn/。

研究。一是对共同富裕内涵的解读。随着对共同富裕认识的不断深化，学者们普遍认为，共同富裕是消除两极分化和贫穷的全民富裕，也是涵盖了物质层面和精神层面的全面富裕，是发展性、共享性和可持续性的统一（郁建兴、任杰，2021；吴忠民，2021），在实现的过程中会有快有慢、有先有后。二是对共同富裕评价体系的探讨。陈丽君等（2021）从发展性、共享性、可持续性三方面选择了 14 个二级指标和 81 个三级指标构建共同富裕指数模型；吕新博、赵伟（2021）借鉴 MPI 指标体系，从教育、健康、生活水平和生活环境四个维度选择了受教育年限、健康状况、卫生设施等 12 个指标，构建共同富裕评价指标体系；钞小静、任保平（2022）则立足于发展成果全民共享理念，从收入与财产、发展能力、民生福祉三个层面构建指标来评价共同富裕水平。三是对共同富裕面临的挑战和实现路径的分析。区域空间差距、城乡差距、中等收入群体比重偏低、农村经济发展不充分、乡村宜居宜业短板突出等问题是实现共同富裕的重要挑战。要应对这些挑战，既要充分发挥政府和市场的作用，处理好效率与公平的关系，加强城乡融合，也要发挥社会主义的制度优势和党组织的引领作用，推动农村集体经济的高质量发展。（唐亮、杜婵，2022；陶希东，2022；查雅雯、曹立，2022）

（二）推进共同富裕的实践探索

实现共同富裕，不仅是新时代中国特色社会主义所承担的历史使命，也是时代命题。在推进共同富裕的道路上，没有现成的范本可以参考。中国式现代化的具体实践已经证实，由于地区发展存在不平衡性，共同富裕没有统一的时间表，有先有后、有快有慢，循序渐进才是更切实际的选择。先进地区在探索尝试中的经验总结，可以极大降低其他地区由于试错所带来的社会成本和风险。

贵州省塘约村以铸牢中华民族共同体意识为主线，以党的建设为抓手，以"三权"促"三变"，通过"村社一体、合股联营"发展方式激活了农村的自然资源、存量资产和人力资本，走出一条民族团结进步助推共同富裕的发展新路，为全国农民农村迈向共同富裕贡献了"塘约经验"。河南省南街村是我国著名的共产主义集体村，南街村始终坚定走集体化道路，充分发挥集体经济具有凝聚力的优势，一方面用按劳分配的方式激发村民的生产积极性；另一方面用"高福利＋低工资"的模式减轻初次分配带来的差距，村民的住房、食品、医疗、教育等花销统一由集体"买单"，开辟了一条具有集体经济特色的致富模式——"南街模式"。

山东省濯村几十年如一日加强生态建设，实现人居环境、投资环境的不断优化，推动农业规模经营并以一、二、三产业的融合带动产业升级，在共同富裕的进程中走出了一条生态立村、产业富村、文明兴村的"濯村道路"。陕西省袁家村依托周边丰富的历史文化资源和自身产业特色，将股权制度引入集体资源配置，以长补短、以强扶弱、以点带面，拓宽财富创造途径的同时注重利益分配平衡，打造了乡村共同致富的"袁家村密码"。

2021 年 5 月，中共中央、国务院出台了《关于支持浙江高质量发展建设共同富裕示范区的意见》，提出"到 2025 年，浙江省推动高质量发展建设共同富裕示范区取得明显实质性进展"，"到 2035 年，浙江省高质量发展取得更大成就，基本实现共同富裕"①。能够被选为全国性示范区，是因为浙江省在推进共同富裕方面取得了突出的成绩，并且在共同富裕的实践中探索出了"温岭模式""桐乡模式""临海模式"等不同路径。其中，"温岭模式"以浙江省民益村为代表，依托当地的主导产业和特色产业，通过农业产业品牌化带动农业供给侧改革推进，促进产业的转型升级和农民增收共富；"桐乡模式"以浙江省新联村为代表，充分发挥当地的区位优势和乡村文化优势，践行"绿水青山就是金山银山"理念，以生态建设和文化建设，打造生产、生活、生态三生融合的共同富裕新格局；"临海模式"则推出了"党建引领＋共富工坊"的方案，把企业的生产加工环节放到乡村工坊中，带动农村集体经济发展，实现强村富民。

在各地积极探索共同富裕实践路径的创新中，山东省济南市灵岩村也走在前列，形成了一条"制度设计＋资源开发＋产业发展"的"灵岩路"。

三、新发展阶段实现共同富裕的"灵岩路"

（一）灵岩村的概况

灵岩村位于山东省济南市万德街道的东北部，是"四大名刹"之首——国家 4A 级景区灵岩寺的所在地，与"五岳之首"国家 5A 级景区泰山相邻，是济南的南大门。全村占地 5 平方公里，耕地面积 100 亩，山场面积 3000 余亩；全村共 320 户 967 人，其中党员 49 名。灵岩村交通便利，济南市旅游路穿村而过，毗连 104 国道京台高速出入口。村内种植粮食作物以玉米为主，经济作物有小米、香椿芽、核桃、灵岩御菊等，其中灵岩御菊是该村的特色经济作物。近年来，依托灵岩御菊这一特色作物，村两委带领党员干部先后流转土地千余亩，用于灵岩御菊的栽植加工，并注册成立"晋康食品有限公司"，为村内居民提供就业和增收渠道。

紧靠闻名天下的灵岩寺，灵岩村在地理区位上有着得天独厚的优势。为了让绿水青山变成金山银山，2018 年起，村党支部带领干部外出学习考察，确立了以灵岩寺为依托发展乡村旅游的思路。为了带领全村群众共同致富，

---

① 《中共中央国务院关于支持浙江高质量发展建设共同富裕示范区的意见》，载《中华人民共和国国务院公报》2021 年第 18 期。

灵岩村在发展乡村旅游的过程中探索出了"支部引领＋村民入股＋公司化运营"三位一体的经营模式，发动群众入股 960 万元，吸纳社会资本 1400 万元，村里投资 4900 万元，注册成立了"山东灵岩大佛山旅游开发有限公司"，打造开发建设大佛山景区，依靠旅游资源发展壮大集体经济。经过几年的开发建设，景区"一核一环四区"已然成型，并获评国家 3A 级景区和区级旅游工作先进单位。围绕景区发展起来的农家乐和乡村民宿，不仅让乡村旅游产业链更加完整，也让村民的增收渠道更加多元化。至 2021 年底，灵岩村接待游客已超过 80 万人次，实现村内年旅游收入 2000 万元；2021年，村集体收入 100 多万元，村民人均年收入接近 3 万元。全村 200 多户迁入新楼，村内文化广场、健身设施一应俱全，人居环境得到极大提升。"资源变资产，村民变股东"，灵岩村让"绿水青山"成为村民的"生态绿色银行"，走出了一条乡村旅游致富路。

（二）新发展阶段推进共同富裕的"灵岩经验"

1. 开发资源禀赋，抓牢共同富裕的资源基础

灵岩村坐落在古刹灵岩寺山门外，村内群山环抱，森林覆盖率高达 95%以上，是一处"天然氧吧"，山中不乏古树名木和中草药植物，古树参天、怪石林立、峭壁悬崖形成一道独有的景致。除了灵岩寺外，檀抱泉、滴水崖、明孔洞、大佛山、老虎窝等 10 余个原生态自然景观散落在山前岭后。山水的灵动、林果的富饶、山洞的奇险为灵岩村提供了多层次、体量丰富的自然资源。灵岩村不仅拥有得天独厚的自然景观资源，人文资源也同样丰富。村内有通灵桥、古御道、对松桥等多处人文历史景观。灵岩寺作为"四大名刹"之首，地位尊崇始于东晋，距今已有 1600 多年的历史，历代文人墨客前来祈福游观都留有碑记石刻，文化底蕴久远丰富；寺外的檀抱泉、滴水崖至今已有 2000 多年的历史，春夏滴水成花、银雨如洒，冬季形成冰瀑奇观，乾隆皇帝曾挥墨"雨花岩"。

这些自然资源和人文资源，是灵岩村人共同富裕的资源基础。在充分考察市场需求、尊重群众意愿的基础上，村两委摒弃传统思想束缚，因地制宜设计了"一核一环四区"乡村旅游发展规划，总投资 6000 多万元，对明孔山、滴水崖、檀抱泉进行保护性修复开发，让"沉睡"的资源活起来。自然和人文景观的开发建设，让灵岩村成了闻名的旅游打卡地，也成了不少电影电视剧组理想的取景地。游客络绎不绝、摄制组进村拍摄，间接带动了该村农家乐和特色种植业的发展，灵岩四芽（香椿芽、薄荷芽、御菊芽、花椒芽）这些原生态资源已经声名远播，成为灵岩村的特色名片。

2. 壮大集体经济，巩固共同富裕的制度基础

集体经济是农业农村发展的基础，要实现农民农村的共同富裕，发展壮大集体经济是重要推手，建设社会主义新农村，需要有坚实的产业实力。依

托丰富的原生态自然资源与底蕴深厚的人文资源发展乡村旅游，只有与集体经济紧密结合，才能朝着共同富裕的方向迈进。村委注册成立了"山东灵岩大佛山旅游开发有限公司"，在筹措建设资金的过程中，村两委党员干部一方面招商引资，与省旅游协会、康辉旅行社、华纳国旅等多家单位合作，吸纳社会资本2400万元；另一方面发动群众积极参与入股。为了保障村民的利益，消除其顾虑，村委承诺"入股村民可在五年后参与分红，五年内入股资金可享银行利息，凡有劳动能力的70岁以下的村民皆可到景区参加力所能及的劳动"。村民成为股东，集体经济成为灵岩村的聚宝盆。

为了拓宽增收渠道，村委还成立了"晋康食品有限公司"，动员村民流转山坡土地700余亩种植灵岩御菊，将灵岩御菊加工制成菊花茶和菊花食品销往省内外。灵岩村建起自己的微信公众号，充分利用上级新闻媒体、抖音等多种方式，打响"生态资源看灵岩，康养休闲住灵岩"的品牌，宣传灵岩乡村旅游的同时也推广灵岩特色产品。不断壮大的集体经济，为全村共同富裕奠定了坚实的基础。

3. 发动村民参与，壮大共同富裕的群众基础

共同富裕是全体人民的富裕，只有全体村民参与到乡村发展和建设中，才能真正实现发展成果全民共享。事事为了群众，事事依靠群众，充分调动群众的积极性才能推动乡村振兴和共同富裕。

为提高村委的号召力和村民的凝聚力，灵岩村村委鼓励村民参与村中事务，通过召开群众代表会和村民大会问计于民，引导村民有事共同想办法；不断丰富村民的精神文化生活，全村实现绿化、亮化、美化，建起1500平方米的文化广场供村民休闲娱乐，邻里和睦融洽；村两委党员以身作则，带领村民互帮互助，为70岁以上的老人提供免费午餐，为重病患家庭筹集捐款。团结、和谐、信任、积极向上的乡村风气和党群关系，是灵岩村村两委工作顺利开展的重要保障。依靠这一法宝，景区筹资时，村民积极参与入股投资，仅半日时间村民入股资金便达到900万元；在景区建设时，村民成了主力军，不怕劳苦不计报酬，从园区设计到凿石铺路，再到搭建天梯，全部由村民合力完成。群众创造一切，扎实的群众基础可以克服共同富裕道路上的各种挑战。

4. 发展文旅产业，夯实共同富裕的经济基础

推进文化产业和旅游产业融合发展，是综合考虑灵岩村的实际情况和自然资源、文化资源以及市场需求后做出的选择。发展文旅产业，村委秉持的思路是：坚持宜融则融、能融尽融，找准文化和旅游的最大公约数，最佳连接点，各领域、多方位、全链条深度融合，实现资源共享，优势互补、协同并进，形成新的发展优势。

思想是行动的先导，要把理念融合放在首要位置，从思想深处打牢文旅产业融合发展的基础，推动文旅产业深融合、真融合。首先，树立以文促旅

的观念。文化是旅游产业发展的重要动因，文化资源则是旅游发展的核心。文化的生产、传播和消费与旅游密切相关，在文旅产业发展中，认真揣摩文化创意，将文化创意引入人文资源和自然资源，既能够丰富旅游业态，增强游客的吸引力，也能够带动旅游产业升级，拓展旅游发展的空间。其次，树立以旅彰文的理念。旅游是文化建设的动因，也是文化传播的载体。灵岩村的文化旅游就是以旅游为载体，传播中国佛教文化精髓，让游客在游玩的同时，了解中国传统文化的博大精深。发挥旅游的产业化、市场化优势，丰富文化产品供给方式、供给渠道和供给类型，带动文化产业的发展。最后，树立和合共生的理念。发展文旅产业，要深刻认识到文化是旅游的灵魂，旅游是文化的载体，二者相辅相成，互相支撑。只有相互取长补短，实现文化和旅游的协同共进，打造优质文化旅游产品，才能激发新的增长点，形成新的发展优势，让文旅产业带来更多的社会效益和经济效益。

在产业融合的具体实践中，灵岩村特别注重生态融合和产品融合。通过学习借鉴外地经验，在"旅游+""文化+"的模式中进一步融入了"互联网+"，不断培育新业态，多维度推动文旅及相关产业融合发展。不断推进自然生态和文化生态的保护与修复，将檀抱泉、滴水崖、明孔洞、对松桥、通灵桥的文化演变编写成历史故事；以文化创意为依托，将灵岩名菜（四芽：菊花芽、薄荷芽、香椿芽、御菊芽）、御菊茶、灵岩小米、檀抱泉水等开发成具有文化内涵的特色伴手礼品，既能观其景，也能闻其趣，还能赏其味，提升了游客的文化体验和消费体验。除此之外，灵岩村还推出了儿童拓展研学、寻根、农耕、文化遗产等专题文旅项目，满足不同游客需求的同时，也拓宽了市场渠道，实现了文旅业态的提质升级。

灵岩与泰山一脉相承，自古以来就有"游泰山不游灵岩不成游也"的说法，灵岩寺作为"四大名刹"之首，地位尊崇，这为灵岩村乡村旅游发展带来了契机。灵岩村抓住了发展的机遇，准确定位发展方向，明晰发展思路，让世界双遗产灵岩寺丰富的历史文化底蕴与灵岩村大佛山景区的生态、休闲观光体验形成优势互补。美食一条街、农特产品销售、一大批民宿和农家乐的兴起，不仅满足了游客"吃住行、游购娱"的需求，体验回归自然、体验农耕文化、历史文化和传说故事的乐趣，同时也带动了村民个体经济的发展，实现了村民的增收致富。

5. 协调利益关系，打造共同富裕的机制基础

村委在外出考察学习时发现，多地的乡村旅游主要采取"公司＋合作社（基地）＋农户""股金分红""租赁＋分红"等运营模式。这些模式大多将目光聚焦在利益分配环节，存在两方面明显的弊端：一方面，不能充分盘活现有资源，农民参与感不强，稳定性不足；另一方面，企业或村集体承担了大部分风险，负担太重，一旦市场不景气，会严重影响村经济的发展。乡村振兴靠的是产业，没有可靠的产业，乡村振兴则难以实现。基于此，结合自

身资源禀赋和外出考察论证，灵岩村在建设环节、运营环节以及分配环节采取共建、共创、共享利益联结机制。

（1）共建——建设环节。村民是乡村的主人，通过发展乡村旅游实现乡村振兴，在充分借助市场力量的同时，也要顺应村情民意，重视村民的资源观、身份观和组织化。如此才能激发农民的积极性，发挥群众的智慧力量，激活乡村沉睡的资源。重塑村民的资源观。重视当地农民文化性资源，如生活风俗、餐饮、生态果蔬、特色观光休闲农业等，唤醒这些资源，与城市消费对接。在村庄建设上，不大拆大建，保留古老村庄肌理，留住乡愁，解决乡村普遍面临的淡季旅游设施闲置的问题。在产业上，在原有的基础上嫁接新内容，打造具有地方文化的特色产业。重塑农民身份观。农民是乡村的主人翁，要淡化农民身份标签，让"农民"成为一种"职业"，引以为豪。建立乡村记忆馆，给后人留住农民的影子，让他们时刻了解村里的发展变迁。重塑农民组织化，提高农民组织程度。以合作社为基础，定期举行培训，提高农民生产生活技能。以村民公约为依托，加强对村民的管理，提升村民素质。

（2）共创——运营环节。抛开农民谈乡村振兴，不过是空中楼阁；靠简单堆砌真金白银砸出的乡村振兴，也只能是昙花一现；唯有变输血为造血，让农民成为参与者，农民和农村才能共同成长。搭建创业平台。在"找根与找新"的原则下植入新产业，给村民提供就业或经营机会，并通过课程培训、技术指导等方式为村民提供智力支持，提高农民参与产业链的能力。共享销售网络。大佛山景区利用抖音、去哪儿旅行、高德等线上平台进行门票销售的同时，也让创业村民参与其中进行品牌销售推广，节约了农户的宣传成本，也扩大了文化旅游产品体量，实现了双赢。

（3）共享——利益分配环节。创新组合农民收入形式，实现利益分享；寻找市场与农民利益分配的平衡点，让村民共享乡村振兴带来的发展成果。村民的收入主要由以下四部分组成：租金，通过转让土地或房屋使用权获得利益，让农民手中的资源变成资产；薪金，公司安排一定的就业岗位，农民经培训后上岗工作获得相应的报酬；股金分红，将农民纳入合作社或公司内，缴纳一定股金或用宅基地使用权、土地使用权等形式参与分红；经营收入，农民直接参与产业链，通过个体经营获得收入。

灵岩村契合当地实际，采取共建、共创、共享利益联结机制，保障了农民利益，也为打造乡村旅游品牌、提高市场竞争力和风险共担奠定了基础，实现了集体和个体的双赢。

四、结　语

总结灵岩村在共同富裕道路上的成功经验，主要有以下几点：一是思想和能力过硬的基层党组织。乡村振兴关键在干部,村庄发展的关键在于领导班子。一支以人民为中心、乐于奉献、勇于开拓进取的基层党组织队伍,是村民凝聚力和创造力的催化剂。在这样的基层党组织队伍的带领下,村民朝着一致的目标共同努力,遇到问题共同克服,村庄的发展必然会走在前列。二是因地制宜的产业选择。产业兴则乡村兴,产业是实施乡村振兴的关键。没有一个适应市场需求的兴旺产业,没有物质基础,乡村振兴就是一句空话。然而产业也存在水土不服的情况,也就是说,乡村产业发展路径的选择,不能一味照搬模仿,需要充分考虑当地的资源条件、乡情民风和经济水平。因地制宜选择适合的产业类型和产业发展模式,才能真正造福村民,实现乡村振兴和共同富裕。三是群众的自觉性。共同富裕关乎每一个人,也需要每一个人为之付出努力。通过丰富的精神文化生活和互帮互助加深村民之间的交流沟通,让村民真正认识到个人和集体的命运与共,以主人翁的态度对待村中的大事小情。充分发挥群众的自觉性,才能更好地利用群众智慧和群众力量推动乡村发展。四是克服人才瓶颈的有效机制。人才紧缺是乡村振兴的一大瓶颈。解决人才问题的方法有两个,一是引进,二是培训孵化。发展乡村经济,优化乡村居住条件,"梧桐花开,凤凰自来"。同时也要注重培育有知识、有专长的新型职业农民,只有"人才引进"与"人才孵化"两手抓,才能有效突破乡村的人才瓶颈。

参 考 文 献

[1] 习近平:《扎实推动共同富裕》,载《求是》2021 年第 20 期。

[2] 本书编写组:《〈中共中央关于制定国民经济和社会发展第十四个五年规划和二〇三五年远景目标的建议〉辅导读本》,人民出版社 2020 年版。

[3] 郁建兴、任杰:《共同富裕的理论内涵与政策议程》,载《政治学研究》2021年第 3 期。

[4] 吴忠民:《论"共同富裕社会"的主要依据及内涵》,载《马克思主义研究》2021 年第 6 期。

[5] 陈丽君、郁建兴、徐铱娜:《共同富裕指数模型的构建》,载《治理研究》2021年第 4 期。

[6] 吕新博、赵伟:《基于多维测度的共同富裕评价指标体系研究》,载《科学决策》2021 年第 12 期。

[7] 钞小静、任保平:《新发展阶段共同富裕理论内涵及评价指标体系构建》,载《财经问题研究》2022 年第 7 期。

[8] 唐亮、杜婵:《推动农民农村共同富裕:理论依据、现实挑战及实现路径》,载《农村经济》2022 年第 7 期。

[9] 陶希东:《共同富裕:内涵特点、现实挑战与战略选择》,载《社会政策研究》2022 年第 2 期。

[10] 查雅雯、曹立:《缩小差距促进共同富裕:主要挑战、现实基础与实现路径》,载《理论视野》2022 年第 5 期。

　　［11］张新文、杜永康：《集体经济引领乡村共同富裕的实践样态、经验透视与创新路径》，载《经济学家》2022年第6期。

　　［12］林钗、应珊婷、顾兴国：《农业文化遗产保护利用助推共同富裕的内在逻辑与实现路径——以浙江省为例》，载《浙江农业学报》2022年第10期。

Study on Practical Path of Realizing Common Prosperity in New Development Stage: A case study of Lingyan Village in Jinan City

Li Qi　Zhang Xiaoyun　Tian Hongli

(Changqing District Agricultural and Rural Bureau;
Shandong, JiNan, 250399, China)

Abstract: Common prosperity is an essential stipulation of socialism and the common goal of the Chinese people under the leadership of the CPC. Common prosperity of farmers and rural areas is the greatest challenge and opportunity for all to achieve common prosperity. In the practice of common prosperity, Lingyan Village adheres to the concept of people-centered development. Turning the sleepy natural resources into a treasure pot for villagers in four years, which explores a road to achieve common prosperity through co-construction, co-creation and sharing. Taking the practice of Lingyan Village as the object, this paper summarizes its mode and experience towards common prosperity: firstly, Grass – root party organization with excellent idea and ability; secondly, industrial selection according to local conditions; third, the consciousness of the masses; fourth, the effective mechanism to overcome the talent bottleneck.

Keywords: Common prosperity; industrial integration; collective economy; adaptation to local condition

加强相对贫困治理，扎实推进共同富裕

——《中国农村多维贫困代际传递治理研究》书评

逄锦聚[*]

尹秀博士所著《中国农村多维贫困代际传递治理研究》一书日前由经济科学出版社出版。该书以代际传递为研究视角，以多维贫困为衡量指标，考察了我国农村多维贫困代际传递的历史演变、阶段特征及影响因素，在总结我国脱贫攻坚效果及经验、揭示多维贫困代际传递诱因、探索相对贫困治理路径方面，做出了有益的尝试。该著作系统梳理了不同历史阶段我国反贫困的举措，揭示了我国农村多维贫困代际传递的阶段特征，总结了我国农村多维贫困代际传递的历史演进规律，分别测算了农村成人和儿童的多维贫困程度及多维贫困代际传递程度。以此为基础，深入分析了影响我国农村多维贫困代际传递的环境、制度、文化及家庭生命周期因素，并提出了多维贫困代际传递的治理思路和政策建议。该书具有以下突出的特点。

一是抓住全面建设社会主义现代化国家进程中的重大问题作为主攻方向。经过全党和全国各族人民的共同努力，在中国共产党成立一百周年的重要时刻，我国历史性解决了绝对贫困问题，脱贫攻坚的伟大胜利为国际减贫事业做出了"中国贡献"，提供了"中国经验"。但是现行标准下绝对贫困的消除不等于扶贫工作终结，坚决打赢脱贫攻坚战，建立解决相对贫困的长效机制，以人的全面发展为核心的相对贫困治理，将是新时代中国反贫困的关键问题。多维度贫困是相对贫困的突出特点，如果不能很好地解决教育、医疗、住房、饮水、能源等维度的贫困问题，就难以有效、可持续地解决相对贫困问题，亦难以实现全体人民共同富裕的伟大目标。一方面，多维贫困治理是巩固、拓展脱贫攻坚成果的必由之路。绝对贫困是生存性贫困，多维贫困是发展型贫困，我国的脱贫攻坚解决了贫困人口的基本温饱问题，客观上就要求进一步解决人的发展问题。党的二十大报告指出，"巩固拓展脱贫攻坚成果，增强脱贫地区和脱贫人口内生发展动力。"多维贫困治理着眼于相对贫困人口的发展问题，解决潜在的致贫因素和发展障碍，全面提升脱贫

* 逄锦聚（1947~），男，汉族，山东胶南人，南开大学讲席教授，政治经济学研究中心、中国特色社会主义经济建设协同创新中心主任，博士生导师，研究方向为中国特色社会主义理论。

人口和边缘人口的发展能力，防止脱贫人口返贫、边缘人口致贫。另一方面，多维贫困治理是不断满足人民日益增长的美好生活需要的必然要求。多维贫困的存在表明我国在民生领域还有诸多短板，多维贫困治理是提高基本公共服务可及性和均衡性、增进民生福祉的重要抓手，是满足人民多层次多样化需求，不断增强人民群众获得感、幸福感、安全感的重要步骤。贫困代际传递，即贫困状态在一代人与另一代人之间的传递，简言之，即贫困的弱势累积由父代传递给子孙代。从形式上来看，农村人口贫困代际传递表现为贫困状态在多代人之间的持续存在，是农村长期贫困的一种特殊表现形式，也是构成农村长期贫困的重要原因，更是农村长期贫困引发的结果。贫困代际传递不仅是贫困结果的代际传递，亦是多元致贫因素的代际传递，多维贫困代际传递致使个体的致贫诱因更加复杂，会显著抑制农村的相对贫困治理效果，增加相对贫困治理的难度。

二是内容具有时代性，突出了使命感。立足新的历史方位，习近平总书记指出："现在，已经到了扎实推动共同富裕的历史阶段"。坚持以人民为中心，扎实推进共同富裕，让人民过上好日子，是中国共产党百年来始终坚持的初心和使命。我国集中力量消除绝对贫困之后，正确认识、接续治理相对贫困，"把就业、收入分配、教育、医疗、住房等问题统筹解决好"，是全体人民共同富裕迈出坚实步伐、全面建设社会主义现代化强国的前提和基础。该著作以人的全面发展为出发点，提出以多维贫困指数作为相对贫困的衡量标准，并利用 CHNS 数据库，以教育、健康、医疗、就业、信息可得性等多个指标为基础，构建了多维贫困指数，理论分析和实证考察了我国农村相对贫困的代际传递问题，并深入探讨了未来我国相对贫困治理路径，为充分认识我国相对贫困问题的长期性、复合性及寻找解决方案提供了可供参考的经验。

三是逻辑结构明晰，论证过程严谨。该著作基于"提出问题、分析问题和解决问题"的逻辑，对中国农村多维贫困代际传递问题进行了系统分析。首先，从历史梳理中探寻我国农村多维贫困代际传递问题的发展规律，对我国农村多维贫困及其代际传递的历史演进进行了系统考察和定量分析，对成人和儿童的多维贫困状态及其代际传递现状进行了实证检验，特别关注了农村留守儿童的多维贫困状态。其次，从环境、制度、文化多个层面分析我国农村多维贫困代际传递的诱因，另外，考虑到代际更替中的代际关系和家庭功能结构转变等因素，著作考察了多维贫困代际传递的家庭生命周期阶段异质性问题。最后，沿着全面推进乡村振兴、促进城乡融合发展的治理思路，提出了完善农村基础设施建设，提高相对贫困人口受教育水平、健康水平，积极解决相对贫困人口就业问题等政策建议。

四是理论与实践紧密结合，研究方法科学。该著作综合运用实地调研、案例分析、实证分析、数理模型、历史研究等多种研究方法，分析中国农村多维贫困代际传递问题。作者曾参与国家精准扶贫第三方评估，对河北阜平、承德、衡水多地进行了实地调研，掌握了我国农村多维贫困的第一手资料。在多次调研的基础上，该著作引入了多个实地调查案例，对我国农村地区的文化贫困和教育贫困进行深入剖析。除此之外，该著作运用熵值法、logit 回归、分位数回归、转移矩阵等计量方法，对我国农村多维贫困代际传递进行科学定量分析；运用数理模型，对中国农村多维贫困代际传递的阶段异质性进行科学论证；利用历史研究法，分析我国部分社会制度的发展变迁，总结了多类制度变迁对我国农村多维贫困及多维贫困代际传递的影响。

当然，多维贫困代际传递的研究是一项复杂且困难的工作。特别是城乡融合发展背景下流动人口的多维贫困代际传递研究有待深化。一方面，随着城镇化进程的持续加快，我国人口流动更加频繁，根据第七次全国人口普查结果，我国流动人口为 375816759 人，与第六次全国人口普查相比，增长了 69.73%。城乡人口流动虽然有着增加收入的内在动因，但是在教育、医疗、就业、社会参与等维度还面临着不同程度的贫困。另一方面，随着我国乡村振兴战略的全面推进，农村多维贫困代际传递将得到有效阻断，这使得外出流动人口面临的贫困问题凸显。本著作的研究重点是我国农村地区的多维贫困代际传递问题，虽在部分章节中考察了城镇化背景下留守儿童的多维贫困问题，但对外出务工的流动人口则较少涉及。期望可以在今后的研究中进一步加强。

全国高等财经院校《资本论》研究会
第 39 届学术年会会议综述

尹 秀 董长瑞*

2022 年 7 月 25 ~ 28 日，全国高等财经院校《资本论》研究会第 39 届学术年会在山东财经大学召开。会议以习近平新时代中国特色社会主义经济思想为指导，旨在加强《资本论》的教学和研究，培养马克思主义理论人才，推动马克思主义的中国化和时代化。此次会议共收到学术交流论文 103 篇，来自中国人民大学、南开大学、武汉大学、西南财经大学、江西财经大学、河北经贸大学、山东财经大学等 30 余个单位的专家学者出席了会议。以"《资本论》与中国特色社会主义高质量发展及共同富裕"为主题，围绕习近平经济思想、《资本论》与数字经济发展、《资本论》与经济高质量发展、《资本论》与共同富裕、《资本论》教学及研究等议题，专家学者开展深入探讨。

一、习近平经济思想

中国特色社会主义进入新时代，这是我国发展新的历史方位。以习近平同志为核心的党中央，立足我国新的历史方位，坚持马克思主义政治经济学基本原理，深入总结新中国成立以来，特别是改革开放以来我国经济发展的历史成就和实践经验，传承中华优秀传统文化所蕴含的价值理念，借鉴吸收世界各国经济发展经验和西方经济学有益成分，创造性提出了新发展阶段的新发展理念、新发展格局和新发展战略，形成了习近平经济思想。

学会会长、西南财经大学教授丁任重指出，习近平新时代中国特色社会主义思想是包括强军思想、外交思想、经济思想、生态文明思想和法治思想在内的系统理论工程。其中，习近平经济思想是习近平新时代中国特色社会主义思想的重要组成部分，它以经济发展为主题，开拓了马克思主义政治经济学新境界，是新时代我国经济建设实践的行动指南。学会副会长、广东省

* 作者简介：尹秀（1990 ~ ），女，汉族，山东青州人，山东财经大学经济学院讲师，主要研究方向：国民经济运行与调控。董长瑞（1962 ~ ），男，汉族，山东龙口人，山东财经大学经济学院教授、博士生导师，山东省中国特色社会主义理论体系研究中心首席专家，主要研究方向：收入分配。

社会科学院王廷惠教授和广东外语外贸大学的李娜指出，习近平经济思想是21世纪马克思主义中国化的最新理论成果，开拓了中国特色社会主义政治经济学的新境界。习近平经济思想围绕新时代我国经济发展的根本保证、根本立场、历史方位、指导原则、主题主线、根本动力、路径选择、战略举措、工作方法等基本问题，建构了当代中国经济发展思想体系，系统回答了为谁发展、如何发展、发展什么样的社会主义经济等根本问题，是指导中国经济发展的行动指南。深入学习、研究和贯彻习近平经济思想，不仅是马克思主义不断完善和发展的理论要求，也是我国经济高质量发展和共同富裕的实践要求。要深刻理解习近平经济思想的形成逻辑，把握好习近平经济思想的框架内容，总结其规律性，更好地指导我国的现代化建设。

（一）习近平经济思想的形成逻辑

习近平经济思想的形成和发展，具有深厚的理论渊源、广阔的时代背景和坚实的实践基础。从理论逻辑来看，习近平经济思想的形成和发展，是对马克思主义政治经济学中国化的时代拓展，是对中华优秀传统文化的传承吸收，也有对现代西方经济学有益成分的借鉴。西南财经大学蒋南平、李艳春指出，当代中国推进的共同富裕，是在理论与实践上对马克思共同富裕思想的发展与创新；西南财经大学蒋海曦指出，马克思货币形式理论对当代货币新形式特别是数字人民币的使用具有指导意义。安徽财经大学的吴友群、毛莉提出，习近平有关共同富裕的论述展现了中华民族传统文化对"天下大同"的追求。从历史逻辑来看，习近平经济思想源于中国共产党人经济发展思想的弘扬继承，源于对我国经济发展成功经验的系统总结。安徽财经大学的赵茂林、徐啸指出，历代中国共产党人对共同富裕的理论认识和实践探索，是习近平关于共同富裕重要论述的实践支撑。从现实逻辑来看，习近平经济思想根植于我国社会主要矛盾、外部环境深刻变化以及新阶段解决重大问题的现实需求。安徽财经大学的张俊、汪辉认为，习近平生态文明思想中的生态两山论理念、和谐共生理念、"良好生态环境是最普惠的民生福祉"理念、坚持"山水林田湖草是生命共同体"的理念，进一步丰富了马克思主义生态思想，是解决我国资源环境问题、促进我国经济增长方式向绿色经济方向转型的理论基础。

（二）习近平经济思想的框架内容

习近平经济思想逻辑结构严密系统，内涵深刻丰富，是科学完整、逻辑严密的理论体系。丁任重对习近平经济思想的框架内容进行了系统梳理。2017年12月中央经济工作会议首提习近平新时代中国特色社会主义经济思想，将其概括为"7个坚持"，党的十九大以后进一步丰富为"15个坚持"，2022年6月，《人民日报》发表文章，提出习近平经济思想基本内容包括十三个"明确"。从核心内容来看，习近平总书记强调进入新发展阶段、贯彻新发展理念、构建新发展格局，是由我国经济社会发展的理论逻辑、历史逻辑、现实逻辑决定的。进入新发展阶段，明确了我国发展的历史方位；贯彻新发展理念，明确了我国现代化建设的指导原则；构建新发展格局，明确了我国经济现代化的路径选择。要准确把握新发展阶段，深入贯彻新发展理念，加快构建新发展格局，推动"十四五"时期经济高质量发展，确保全面建设社会主义现代化国家开好局、起好步。

（三）习近平经济思想的原创性贡献

习近平经济思想坚持把马克思主义政治经济学基本原理同新时代中国特色社会主义的具体实际相结合，深刻回答了许多经典著作尚未提及、历史未有记录、西方经济理论无法解决的重大理论和现实问题，集中体现了新时代我们党对经济发展和经济运行规律的认识，展示了强大的原创性、客观性和实用性。丁任重指出，习近平经济思想的开放性，使得其随中国特色社会主义现代化实践而不断发展，彰显了时代特征和中国特色，也具有明显的原创性。全国高等财经院校《资本论》研究会应该以习近平经济思想为指导，努力打造具有中国特色、中国风格、中国气派的政治经济学。王廷惠、李娜进一步表示，习近平经济思想具有鲜明的政治性、丰富性、科学性、人民性、时代性、实践性、开放性、民族性、世界性等理论特征，为马克思主义政治经济学的发展做出了原创性贡献。南京信息工程大学贾后明提出，要充分认识习近平经济思想的原创性贡献，需要从理论、实践与话语三个维度来理解习近平经济思想的理论、方法与话语表达特质：溯源历史传承，把握习近平经济思想的理论基础；立足当代实践，发现习近平经济思想的创新所在；坚守人民立场，理解习近平经济思想的话语特质。

二、《资本论》与数字经济发展

马克思主义政治经济学的研究对象是生产关系，是从生产力与生产关系、经济基础与上层建筑的相互作用和矛盾运动中来考察生产关系。数字经济作为一种新经济形态，正在推动世界范围内生产方式和生活方式发生深刻变革。我国逐渐形成的数字经济发展"新格局"，也必将推动生产力和生产关系的深度调整。在我国社会主义制度条件下，数字经济作为经济发展新动能，是经济高质量发展的强劲引擎，是满足人民美好生活需要的重要途径，对推动产业与消费协同升级、经济结构与社会结构双重优化具有重要意义。诸多学者从生产力与生产关系对立统一的基本矛盾出发，既研究了数字经济对社会生产力的作用方向和范围，也探讨了数字经济引发的生产关系特别是分配关系的调整。

（一）数字经济"共富"效应的理论探析

部分学者就数字经济助推共同富裕进行了理论探索。安徽财经大学陈洪梅认为，数字经济是兼具创造财富与共享财富的新经济形态，既能促进经济增长，又能促进社会财富的共享与普惠，实现经济均衡协调发展。南开大学仇佳慧、朱雯瑛进一步阐释了数字经济助推共同富裕的理论逻辑，就"富裕"而言，数字经济是社会生产力发展的内生需要，有利于提高生产效率，对生产力发展和社会财富创造具有重要意义；就"共同"而言，数字经济是共同富裕的必然要求，有利于促进共享发展，促进要素流动，在新行业中建立更加合理的分配制度，促进社会均衡发展。因此，数字经济主要发挥增长效应、均衡效应和共享效应，提高生产力、优化生产关系，助推共同富裕的实现。部分学者则实证分析了数字经济对共同富裕的影响，进一步验证了上述理论。兰州财经大学柳江、田章功实证检验了数字经济发展对绿色全要素生产率提升的促进作用，安徽财经大学占青婷、周泽炯的实证结果表明，我国数字普惠金融带动了农业全要素生产率的不断提升，上述研究表明数字经济对提高我国生产力水平具有积极作用。安徽财经大学李朝林、王雪以安徽省为例，得出了数字经济能够缩小城乡居民收入差距的结论，证明了数字经济可以进一步优化生产关系，优化收入分配格局。

（二）数字经济"共富"效应的实践障碍

虽然诸多学者对数字经济助推共同富裕的路径进行了理论阐释和实证检验，但亦有学者指出，应辩证看待数字经济这一经济新形态。学者们对数字经济引发收入分配格局再调整的忧虑主要有以下三个方面：

一是数据要素的产权配置不清晰，大型平台企业抢先获得数据要素的使用和获益权，"数字资本化"决定了分配具有资本偏向性。山东理工大学王丽媛认为，数据要素作为无形的生产要素，创造了更高的交易效率和更高的产值，促进了经济增长，但数字劳动越来越侵蚀实体经济的利润，掌握了数字经济新形式、新技能的数字劳动更能获取较多的劳动报酬，相应领域的企业家和平台将获得更多的利润，分配向资本家和平台垄断者倾斜。江西财经大学刘爱文也指出，平台资本的特性和行为规律尚未被完全认识，应为平台资本设置"红绿灯"，明晰其行为边界，促进各种资本有序发展，更好地服务于新发展格局的构建。

二是以人工智能为代表，数字经济发展使得资本替代劳动的步伐加快，引发劳资分配的进一步失衡。西南财经大学徐志向、罗冬霞认为，人工智能会引发资本替代劳动潜力的释放，进而引致收入不平等加剧的内在风险。西南财经大学盖凯程、李孟杰指出，经智能化技术重塑的资本主义生产系统，其智能化和柔性化并未消除劳动异化，资本对劳动的控制反而越来越隐蔽和高效，从事简单劳动的低技能工人将变成"无用阶级"，劳资之间的收入差距呈现扩大趋势。安徽财经大学廖信林等利用长三角城市群 41 个城市的数据进行了实证分析，进一步验证了上述结论，研究结果表明数字经济的发展降低了长三角地区的劳动收入份额，且数字经济对劳动收入份额的负向抑制效应是通过劳动生产率提高效应和就业削减效应两大路径实现的。

三是"数据鸿沟"促使地区、城乡和劳动者之间的发展分化。安徽财经大学郭利京等的分析表明，我国数字经济总体呈现上升趋势，但沿海地区和内陆地区的数字经济竞争力存在明显差异，数字经济的区域发展不平衡将导致地区发展失衡。王丽媛指出，数字劳动仍然不改变劳动价值论，劳动者利用数据要素进行价值创造，善于利用数据要素的"数字富人"处于更有利的分配地位。武汉科技大学刘勇、项楠则进一步指出"数字鸿沟"阻碍劳动能力提升、"数字监狱"加剧主体对立、"数字奴隶"深陷隐形剥削以及"数字穷人"沦为分配祭品。

正如盖凯程、李孟杰所言，新技术只有在超越了资本主义应用的狭隘界限后才能成为人自由全面发展的手段。在我国社会主义条件下，数字经济的发展将为我国经济发展方式转型升级、发展质量和效益提高、共同富裕实现奠定坚实的技术基础，继续推动数字经济加速走深向实是我国经济发展的必由之路。为此，山东财经大学孔艳芳指出，要政府引导、市场主导、社会共治，推进数据要素的市场化配置。西安交通大学樊晓燕则提出，从激发创新的内在动力、引导和规范创新的发展、营造有利于创新的氛围、构建科学的创新评价体系四个方面促进中国数字经济的健康发展。

三、《资本论》与经济高质量发展

中国特色社会主义进入了新时代，高质量发展是新时代中国经济的鲜明特征。党的十九届五中全会提出"经济社会发展要以推动高质量发展为主题"。推动经济高质量发展是遵循我国经济发展规律、全面建设社会主义现代化强国的必然要求。习近平总书记指出："高质量发展，就是能够很好满足人民日益增长的美好生活需要的发展，是体现新发展理念的发展，是创新成为第一动力、协调成为内生特点、绿色成为普遍形态、开放成为必由之路、共享成为根本目的的发展。"①

（一）创新驱动与高质量发展

对于创新的重要性，习近平总书记提出，"发展是第一要务，人才是第

---

① 《习近平谈治国理政》（第三卷），外文出版社 2020 年版，第 238 页。

一资源，创新是第一动力"①，坚持高质量发展，就要深入实施创新驱动发展战略。安徽财经大学韩丽认为，从传统要素主导发展转向创新驱动发展，对于提升创新力、培育经济发展新动能、促进经济高质量发展具有重要意义。

关于创新的路径，习近平总书记强调，要推动有效市场和有为政府更好结合，才能形成推进科技创新的强大合力。山西财经大学胡壮程、张明强调了需在社会主义市场机制下充分发挥政府、国有企业和民营企业的作用，促进生产要素不断流向自主技术创新领域。以创新度较高的互联网行业为例，江西财经大学孙广召、张利国指出，互联网基础设施不仅能够促进上市企业的创新水平，还可以提高上市企业的创新效率和创新质量；兰州财经大学柳江、朱翔宇强调了互联网可通过促进产业升级提升高技术产业创新效率，并且互联网对高技术产业创新效率存在空间溢出效应。因此，国家应积极推进基础设施建设，以强大的基础设施建设助力企业的创新，实现有效市场和有为政府的创新合力，畅通国民经济循环，实现经济安全和国民经济的高质量发展。

（二）现代化经济体系与高质量发展

推动经济高质量发展必须加快建设现代化经济体系。习近平总书记指出："现代化经济体系，是由社会经济活动各个环节、各个层面、各个领域的相互关系和内在联系构成的一个有机整体。"②

就产业体系而言，柳江、朱翔宇指出，随着全球新一轮科技革命和产业变革加速兴起，创新要素相对集中的高技术产业将成为今后我国实现产业转型升级和经济高质量发展的重要战略型产业。周泽炯、陈洪梅、韩丽等的研究表明，金融科技创新、数字普惠金融为经济高质量发展注入了新的活力，在我国经济高质量发展进程中起着重要的支撑作用。廖信林、杨正源则强调了产业政策的重要性，产业政策通过矫正市场失灵所带来的信息不对称与创新负外部性、保护幼稚产业来推动产业结构升级。

就城乡区域发展体系来看，山东财经大学王梦菲指出，在新时代、新阶段，要全面实施乡村振兴战略，通过体制机制改革，激活乡村经济高质量发展的城乡融合、科技创新、产业振兴三大动力机制，着力实现乡村经济高质量发展；山东财经大学孙丽考察了交通基础设施在黄河流域城市群中的资源再配置效应；西安交通大学范玉仙提出，从顶层设计、城市产业重新定位、构建协调机制等方面优化城市群产业链；西南财经大学姚常成等指出，要在遵循生产力发展逻辑的前提下，注重"空间的生产"观念转变以及"时空修复"逻辑工具的运用，以推动多中心城市群协调发展；山东财经大学朱世

---

① 《习近平重要讲话单行本（2020 合订本）》，人民出版社 2021 年版，第 155 页。
② 《习近平谈治国理政》（第三卷），外文出版社 2020 年版，第 240 页。

英探讨了山东省经济发展潜力的空间差异分布格局；山东财经大学张英构建了区域低碳发展聚类分析模型，提出山东省高质量发展路径应该以政府主导下的节能减排为主要抓手；山西财经大学李玲娥等探讨了资源型城市经济高质量发展的体制机制改革创新难题。

（三）共同富裕与高质量发展

习近平总书记指出："共同富裕是社会主义的本质要求，是中国式现代化的重要特征，要坚持以人民为中心的发展思想，在高质量发展中促进共同富裕。"[1] 高质量发展与共同富裕有着共同的"以人民为中心"的价值取向，相辅相成，共同富裕是高质量发展的根本目的，共同富裕需要高质量发展来推动实现。福建师范大学鲁保林指出，我们必须坚持以人民为中心的发展思想，坚定不移贯彻新发展理念，在高质量发展中促进共同富裕，在共同富裕中夯实高质量发展的动力基础，不断提高发展的平衡性、协调性、包容性，创造条件向社会主义高级阶段前进。武汉大学周绍东、张毓颖界定了生产方式视角下的"高质量发展"内涵，并提炼总结出四种转向高质量发展模式的收入分配效应：技术劳动报酬提升效应、实体经济资源集聚效应、产业区域布局优化效应以及城乡资源双向流动效应，并进一步提出通过逐步缩小劳资、行业、区域和城乡收入分配差距，实现高质量发展下的共同富裕。山东财经大学邱兆林认为，民营经济高质量是实现共同富裕的重要途径之一，民营企业需加快技术创新、模式创新和管理创新以实现高质量发展，夯实共同富裕的物质基础和制度基础。

四、《资本论》与共同富裕

马克思主义系统地阐述了共同富裕的历史性、物质基础、社会制度前提、实现途径以及共同富裕与人的全面发展的关系，揭示了共同富裕的发展规律。共同富裕是社会主义的本质要求，是中国式现代化的重要特征，也是人民群众对美好生活的热切期盼。

（一）共同富裕的理论、历史渊源和现实基础

从共同富裕的理论渊源来看，吴友群、毛莉认为，共同富裕的理论溯源可以从启蒙运动思想家对自由与平等的追求开始，到古典政治经济学追求人的自由和全面发展，到空想社会主义对"理想社会"的描述和向往，到德国古代古典学派的和谐社会和维护人的自由和平等，到马克思主义的"共产社会"的按需分配。蒋南平、李艳春指出，当代中国推进的共同富裕，是在理

---

① 习近平：《扎实推动共同富裕》，载《求是》2021年第20期。

论与实践上对马克思共同富裕思想的发展与创新，是第一次在人类历史上真正推动共同富裕的实践。从共同富裕的历史渊源来看，吴友群、毛莉梳理了中国传统古代华夏文明时期的"天道均平"，到春秋战国时期的"均贫富"，到中国近代太平天国时期的"大同"思想，到康有为"大同世界"的发展历程，揭示了中华民族共同富裕的传统文化基因。从共同富裕的现实基础来看，丁任重、徐志向指出，中国共产党作为代表广大人民群众利益的政党，始终将以人民为中心的发展思想贯穿于党和国家各项工作的全过程，是共同富裕实现的重要保障，始终坚持公有制的主体地位，更好发挥政府调控的保障作用是我国实现共同富裕的现实基础。山东财经大学董长瑞强调，生产资料公有制是共同富裕的制度基础，没有生产资料公有制，就没有共同富裕。

（二）共同富裕的实际进展

共同富裕的实现是动态中不断向前发展的过程，不是同时富裕、同步富裕、同等富裕，我国现阶段还存在着"不同程度"的个人、区域、城乡收入差距。安徽财经大学杨梦成的研究表明，中国省域共同富裕水平呈现上升趋势，整体呈现由积聚的中心省域向外围拓展的趋势，表现为"先富带动后富"的发展规律，但是各区域共同富裕水平的动态演进特征差异较大。西南财经大学张航则指出，当前我国区域差距主要体现为东西差距和南北差距并存，经济产出越发集中于少数大城市和城市群，区域差距正处于缓慢缩小的趋势。中国人民大学黄宝竹、陈享光的研究表明，企业金融化加剧了企业内部不同收入群体之间的收入差距。江西农业大学杨静、杨峰发现，当前个人收入仍存在较大差距，且劳动者报酬占 GDP 比重较低，收入分配不公平现象较为严重。但是学会副会长、河北经贸大学武建奇教授进一步指出在共同富裕理念下，个人收入差距越来越不足以表示中国的实际贫富差距。他认为共同富裕中的"富裕"既包括物质富裕，也包括精神富裕，还包括生态富裕，精神富裕和生态富裕在人们富裕程度中的占比日益增大，而主流基尼系数理论忽略了构成人民实际生活水平的诸多重要因素，严重夸大了中国居民富裕程度的实际差距。学会副会长、兰州财经大学王必达教授进一步指出，贫富差距主要体现在阶层、城乡、区域、产业、民族之间，除了分析收入这种流量上的差距以外，要考察财产这种存量上的差距。

（三）共同富裕的实现路径

在解决个人收入差距方面，2021 年 8 月 17 日召开的中央财经委员会第十次会议强调，"正确处理效率和公平的关系，构建初次分配、再分配、三次分配协调配套的基础性制度安排，加大税收、社保、转移支付等调节力度并提高精准性，扩大中等收入群体比重，增加低收入群体收入，合理调节高收入，取缔非法收入，形成中间大、两头小的橄榄型分配结构"。周绍东认为，初次分配是关乎财富分配结果的关键环节，影响劳动者的劳动补偿程度和需求满足程度，我国初次分配应坚持"以劳动者为中心"原则，打造中国特色劳动力再生产模式下的共同富裕实现路径；江西农业大学杨静、谢元态指出，再分配要更加注重公平，重视税负、社会保障与转移支付公平；江西农业大学雷嘉欣、杨峰认为，共同富裕目标下亟待从理论与实践强化第三次分配。山东财经大学董长瑞进一步指出，初次分配是国民收入的基础，决定收入分配的本质，初次分配和再分配都必须强调公平，再分配无法从根本上消除初次分配产生的收入差距鸿沟。山东建筑大学范慧则认为，劳动力包含了自然差别、社会差别、个人特质三大因素，应加强劳动力异质基础上的微观支持机制，构建一般激励机制和特色支持机制相互促进的激励机制体系，实现勤劳创新致富的精准目标。

在解决区域收入差距方面，安徽财经大学任志安等的研究表明，"四化"同步不仅对共同富裕产生显著的正向影响，而且对经济欠发达阶段地区具有更明显的益贫作用；张航提出，缩小区域差距的路径包括加强区域政策实施力度，完善其配套政策，以城市群为依托，引领区域协调发展；大力推进数字经济，带动落后地区发展等。

在解决城乡收入差距方面，王必达指出，要更多关注城乡财产和公共服务上的不平等，要加快农民工市民化进程，消除身份不平等对贫富差距的影响。江西财经大学康静萍、山东财经大学崔宝敏、山东财经大学彭留英、大连海事大学王铂淇、山东财经大学初佳颖、复旦大学高淑桂、浙江财经大学周永昇、天津商业大学贺坤等学者，分别从加快完善现代农村养老保障体系、农村专业合作社发展、土地流转、完善农村基础设施建设、优化城乡资源要素配置、发展农村集体经济、有效治理农民土地财产收入分化风险、农民工群体多维贫困治理等方面提出了促进乡村振兴、实现共同富裕的路径。具体到实践层面，山东财经大学乡村振兴学院院长董方军，济南市长清区农业农村局的赵振军、李琪、张晓云，山东省龙口市委组织部的姜利春等，分别介绍了共同富裕的沂源经验、长清经验和龙口经验。

五、《资本论》教学及研究

《资本论》是马克思经济理论的集大成之作，它揭示的一般规律为我国社会主义现代化建设提供了理论指导。学习和研究《资本论》，是坚持和发展马克思主义的必修课，也是我国社会主义现代化建设的必修课。

（一）《资本论》教学问题研究

《资本论》教学工作对于马克思主义政治经济学的传承、发展至关重要。部分学者探讨了现阶段《资本论》的教学热点和教学方法等问题。例如，中央财经大学韩金华抓住了思政教育的热点，认为《资本论》作为马克思主义政治经济学的经典著作，蕴含丰富的思政元素。通过教学内容体系的设计和创新并配合有效的教学手段，在系统介绍《资本论》基本原理的同时，融入思政元素，有利于宣传和践行习近平新时代中国特色社会主义思想，增强中国特色社会主义理论自信。安徽财经大学赵茂林、史晓红则认为，政治经济学专业《资本论》专题研究作为研究生学位课程，对研究生培养起着非常重要的作用。在教学过程中，需要加强《资本论》研究方法和理论体系的教学，强化马克思主义经济思想史的教学，还需要运用理论联系实际的方法，把《资本论》专题研究的教学和现实问题的研究结合起来，注意因材施教。亦有学者就《资本论》中的概念范畴和内容进行了深入思考和探讨。山东财经大学尹秀强调了"千禧一代"的代际特征，提出根据学生代际特征，推动《资本论》教学方式和内容的更新。山东财经大学宋宪伟阐述了有关生产力、生产方式、生产关系概念界定的争议，深入分析了生产力与生产关系原理。山东财经大学宫同瑶结合《马克思主义政治经济学概论》，探讨了纯粹流通费用的补偿方法与纯粹流通费用的最终源泉、工业企业超额剩余价值来源与农业部门超额利润的产生、不同等级土地的级差地租和绝对地租的计算方法等问题。

（二）《资本论》研究启示

《资本论》揭示的资本主义生产关系运动规律对中国特色社会主义市场经济有重大的启示意义。中国地质大学常荆莎认为，基于马克思主义政治经济学阐释社会主义市场经济基本问题，是实现社会主义市场经济理论学理化的基础。南京财经大学张圣兵从《资本论》的"资本"出发，阐述了资本的一般性和社会主义市场经济条件下资本的"特殊性"。他认为资本可以从生产力、经济运行机制和社会生产关系等多个层面发挥作用，资本的功能及其效果的"好恶"要取决于使用资本的人及其所处的社会经济制度。一方面，社会主义制度下，资本仍然保留其逐利和增殖的本性，这是推动现代经济发展的社会动力，它与"人民对美好生活的向往"密切吻合，需要我们妥善保护和积极引导；另一方面，资本逐利性及其盲目扩张会带来诸多社会问题，需要通过制度规范、机制约束和道德引领，推动资本规范有序和健康发展。河南财经政法大学崔朝栋根据马克思经济制度理论，提出作为经济运行机制或资源配置方式的市场经济和计划经济等，是一定社会经济制度的有机组成部分。中国改革开放和发展社会主义市场经济的实践证明，市场经济与社会主义经济制度在本质上是相容和统一的。市场经济是生产力的有效实现形式，也是生产关系的有效实现形式。它不仅能够促使社会主义公有制及其按劳分配的实现形式为适应生产力发展的要求不断调整和完善，而且能够促使社会主义所有制结构及其分配结构为适应生产力发展的要求不断调整和完善，从而使社会主义基本经济制度及其实现形式能够更好地解放和发展生产力，实现共同富裕的社会主义目标。

《资本论》作为政治经济学的经典著作，对我国的具体经济运行提供了科学的理论指导和重要的现实启示。陕西师范大学孔祥利、陕西省社会科学院刘立云阐述了《资本论》第一卷"工场手工业和机器大工业理论""资本积累与有机构成理论"、第二卷"社会资本再生产理论"、第三卷"地租理论"对我国农业内涵式发展的指导意义，并提出中国农业农村现代化的路径选择，通过农业劳动力转移和人力资本提升、工业资本与社会资本反哺农业、土地产权制度改革与规模化经营、农业资本有机构成提高与科技进步等举措，走农业内涵式高质量发展道路。蒋海曦则认为马克思货币形式理论在今天仍有着重要的理论意义与现实意义，它是当代货币新形式发展的理论基础。

学习和研究《资本论》是深入学习贯彻习近平经济思想，全面推进社会主义现代化建设事业的必修课。习近平经济思想是马克思主义政治经济学中国化的最新理论成果，为推动我国经济高质量发展、实现全体人民共同富裕提供了根本遵循和行动指南。数字技术是全球战略重点，数字经济是经济发展的新动能和新增长点，是促进经济高质量发展的核心动力。高质量发展和共同富裕目标相辅相成，共同富裕是高质量发展的根本目的，高质量发展是共同富裕的必经之路。

此次会议搭建了良好的交流平台，增强了马克思主义理论自觉和理论自信，对学界进一步加强《资本论》教学研究，建构中国特色、中国风格、中国气派的中国特色社会主义政治经济学具有重要意义。